VERTIKAL
GÄRTNERN

KATHARINA ADAMS

VERTIKAL
GÄRTNERN

Gestaltungsideen für grüne Wände

KOSMOS

VERTIKAL GÄRTNERN

Begrünten Wänden gehört die Zukunft. Erfahren Sie hier, welche Möglichkeiten es gibt, auf wenig Grundfläche Blumen, Gemüse und Kräuter zu kultivieren, indem Sie die Vertikale nutzen. Und nicht nur Sie, sondern auch die heimische Tierwelt freut sich über den zusätzlichen grünen Lebensraum.

Jetzt kann es losgehen! Was Sie schon im Vorfeld beachten sollten, welche Standorte infrage kommen und nach welchen Kriterien Sie die richtigen Pflanzen auswählen, das wird hier gezeigt. Und selbst für die kleinste Ecke auf dem Balkon oder der Terrasse gibt es pfiffige Lösungen.

Die Auswahl an vertikalen Begrünungssystemen ist riesig: Vom dauerhaften Wandsystem mit integrierter Bewässerung bis zu einfachen Pflanztaschen für saisonale Lösungen ist für jeden Anspruch etwas dabei. Wie funktionieren die einzelnen Systeme, welche sind für die eigene Wohnsituation passend? Welche Pflanzen eignen sich am besten sowohl für draußen als auch drinnen? Hier erfahren Sie alles Wichtige.

↘ SO GEHT'S

SCHRITT FÜR SCHRITT Hier finden Sie alles, was zum Gelingen beim Wandgärtnern wichtig ist.

Fast jede Pflanze kann prinzipiell in einem Wandgarten wachsen. Welche Pflanzen zusammenpassen, welche Möglichkeiten der Gestaltung Sie haben und wie Sie alles in die Praxis umsetzen können, wird hier Schritt für Schritt erläutert. Do-it-yourself-Fans finden tolle Ideen zum Nachbauen.

Wie gieße und dünge ich meinen Wandgarten? Welche Materialien brauche ich? Kann ich das richtige Substrat selbst mischen? Was muss ich im Winter beachten? Alle Fragen rund um die richtige Pflanzenpflege werden hier beantwortet.

Liebe Leserinnen und Leser,

vertikales Gärtnern begegnet uns als Begriff immer wieder in den Medien, genauso wie Urban Gardening. Und eigentlich gehört beides auch zusammen, denn vertikales Gärtnern ist ein wichtiger Bereich dieser Bewegung, die unsere Städte grüner machen soll. Vielleicht haben Sie schon von den spektakulären Projekten des französischen Pflanzenkünstlers Patrick Blanc gehört oder gelesen, der ganze Fassaden mit Bildern aus lebenden Pflanzen bekleidet, und das sowohl im Innen- als auch im Außenbereich. Doch neben solchen Leuchtturmprojekten, die immer wieder im Zentrum der Aufmerksamkeit stehen, sind es die vielen individuellen Ideen und Umsetzungen, die unsere persönliche Umgebung in eine grüne und blühende, manchmal sogar essbare Oase verwandeln. Vertikales Gärtnern geht die Wände hoch, dort wo kein Platz für Beete in der Ebene ist. In allen nur denkbaren Pflanzbehältern, von ausrangierten Plastikflaschen über Hängekörbe bis hin zu speziell für diesen Zweck entwickelten Wandsystemen, wachsen Pflanzen und verschönern langweilige Mauern und Zäune.

Selbst dort, wo gar keine Wand zum Bepflanzen vorhanden ist, lässt sich vertikales Gärtnern verwirklichen. Ob in gestapelten Kisten oder ausrangierten Holzpaletten, die hochkant aufgestellt werden – auch hier kann es grünen und blühen.

Aber wie funktioniert das alles? Was kann ich selbst bauen, welche fertigen Lösungen gibt es? Welche Bepflanzung eignet sich für meine Situation auf dem Balkon oder in meinem winzigen Innenhof? Kann ich mir die Arbeit des täglichen Gießens durch eine automatische Bewässerung abnehmen lassen? Und wie funktionieren solche Systeme? Was muss ich bei dauerhaften Bepflanzungen im Winter beachten?

Das sind viele Fragen, die auch ich mir gestellt habe, als ich mich intensiver mit dem vertikalen Gärtnern befasst habe. In diesem Buch erhalten Sie nun viele Informationen und viel praktisches Wissen rund um das Thema. Sie finden Schritt-für-Schritt-Anleitungen für Selbstbau-Ideen genauso wie für die Verlegung einer Tropfbewässerung, Listen mit geeigneten Pflanzen für jeden Standort und viele praktische Tipps.

Damit sollte der erfolgreichen Begrünung Ihrer vertikalen Umgebung nichts mehr im Wege stehen!

Herzlichst,

Katharina Adams

VERTIKAL GÄRTNERN

Wandgärten sind Trumpf

Ob in Pflanztaschen oder Kunststoffmodulen, in ausrangierten Paletten oder stylischen Holzrahmen: Auf Balkonen,
Terrassen und Dachgärten gehen Pflanzen die Wand hoch.
Denn auch bei wenig Platz können Sie sich auf diese Weise
mit einer Fülle an Grün umgeben.

DIE GRÜNE ZUKUNFT
in der Vertikalen

Eine neue Art des Gärtnerns macht Furore. Pflanzen wachsen nicht mehr in Beeten, in Hochbeeten oder in den üblichen Blumentöpfen, sondern in Pflanztaschen und allen möglichen anderen unkonventionellen Behältnissen.

GRÜN IN DIE STÄDTE!

Wie wichtig Pflanzen für das Wohlbefinden von Menschen sind, weiß man seit Langem. Vor allem in den Städten sorgen sie für ein besseres Klima, höhere Luftfeuchtigkeit und weniger Staub. Gerade die Straßenbäume fungieren als wirkungsvolle Filter, die Schmutz und Schadstoffe abhalten und außerdem durch Verdunstung über die Blätter im Sommer die Hitze durchaus um mehrere Grad senken können. Doch nicht nur ihre rein funktionalen Eigenschaften machen Pflanzen so wertvoll. Durch viel Grün werden auch eher unwirtliche Umgebungen lebens- und liebenswerter. Pflanzen wirken sich erwiesenermaßen positiv auf die Befindlichkeit und die Stimmung von Menschen aus. Alleine diese schlichten Gründe sprechen dafür, Pflanzen wachsen zu lassen, wo es möglich ist.

EINE LANGE ENTWICKLUNG

Die Idee steht für eine Entwicklung, die in vielen Städten der Welt schon seit Längerem zu beobachten ist. Urban Gardening oder Urban Farming bedeutet, dass Menschen auf Dächern, Brachen oder Grünstreifen Gemüse anpflanzen und Blumen kultivieren. Anfangs wurden die Stadtgärtner als Exzentriker belächelt. Heute sehen sogar Stadtplaner, Politiker und Wissenschaftler im Urban Gardening eine Chance, die sozialen und ökologischen Probleme zumindest zu entschärfen, die durch schrumpfende Freif-

lächen und wachsende Städte entstehen. Die Forschung setzt auf urbanes Grün, um den ökologischen Fußabdruck von Städten zu verkleinern und die Ernährung ihrer Bewohner zu sichern. Nicht zuletzt hat Urban Farming inzwischen auch ökonomischen Reiz. Erste Systeme für einen professionellen Anbau von Obst und Gemüse in der Stadt sind bereits Produktionswirklichkeit.

STÄDTE ALS TRENDSETTER

In Deutschland wurde Urban Gardening als Erstes in Berlin zu einem großen Thema. Die Prinzessinnengärten, in denen schon seit etlichen Jahren gemeinsam gegärtnert und geerntet wird, sind inzwischen durch sämtliche Medien gewandert und haben an vielen Stellen zur Nachahmung animiert. Im Vordergrund steht dabei aber nicht die komplette Selbstversorgung durch eigenen Gemüseanbau, sondern der Spaß, gemeinsam in der Gruppe zu gärtnern und sich dabei mit anderen Gleichgesinnten auszutauschen. Gemeinsames Lernen, die Vermittlung von Wissen und das Schaffen von Bewusstsein sind weitere zentrale Aspekte der Gärten. Neben der gemeinsamen „Feldarbeit" bie-

ON TOP Im Zuge des Urban Gardening-Trends werden auch Dachgärten verstärkt zum Thema. Auf begehbaren Flachdächern können problemlos Hochbeete und Spaliere installiert werden.

ten viele Gärten auch ein breites kulturelles Programm und verschiedene Workshops an. Community Gardens oder Gemeinschaftsgärten sind eigentlich der Oberbegriff für kollektiv betriebene Gärten, die sich meistens in der Stadt befinden. Die Flächen dieser Gärten werden hauptsächlich von Gruppen genutzt, teilweise sind die Gärten öffentlich zugänglich.

IN DER SENKRECHTEN

Die Lust am gemeinschaftlichen Gärtnern hat bei vielen aber auch den Blick für die eigene Umgebung geschärft. Auch hier ist der Wunsch entstanden, Balkone, Innen- und Hinterhöfe durch viele Pflanzen wohnlicher zu machen. Dabei ist oft nicht allzu viel Platz vorhanden, also bietet sich die Vertikale als zusätzliche Möglichkeit an, Pflanzen unterzubringen. Ideen dafür gibt es inzwischen reichlich, denn einige bedeutende Gartengestalter wie etwa Patrick Blanc haben sich mit der Verwendung von Pflanzen an Wänden befasst. Ihre großflächigen Kunstwerke an Fassaden und an Innenwänden haben sie dem staunenden Publikum präsentiert.
Die großflächigen Pflanzenbilder wurden von Gartendesignern in garten- bzw. wohnungstaugliche, einfach zu handhabende Systeme übersetzt.

ES LOHNT SICH An einer warmen Wand gedeihen Kräuter besonders gut. In speziellen übereinanderhängenden Pflanzbehältern kann man eine beträchtliche Anzahl unterbringen. Es lohnt sich, denn sie sind die Grundlage für kreatives Kochen. Außerdem sind die meisten von ihnen nicht nur aromatisch, sondern auch ausgesprochen dekorativ. Hier fallen zum Beispiel ein panaschierter Salbei und ein gelblaubiger Oregano ins Auge.

[a]

↘ SO GEHT'S

[a] MINIGARTEN IM HOCHFORMAT Der Vertical Garden von Minigarden® ist modular aufgebaut und kann fast beliebig erweitert werden. Der Hersteller bietet auch eine automatische Tröpfchenbewässerung an.

[b] AUF DER LEITER Der Pflanzenturm von STIMA ist ein einfacher aufklappbarer Dreibein-Ständer mit integrierten Halterungen für fünfzehn Blumentöpfe.

[c] BLUMEN HUCKEPACK Ein einfaches, flexibles Gurtsystem verbindet die einzelnen Pflanzbehälter von Ebertsankey, sodass sie sowohl an Balkongeländern als auch an Wänden angebracht werden können.

[c]

GÄRTNERN IN DER STADT
Blumen, Kräuter & Gemüse

Selbst herangezogene Gemüse und Kräuter aus dem eigenen Beet schmecken einfach besser. Und wer nicht viel Platz hat, braucht trotzdem nicht darauf zu verzichten, sondern gärtnert einfach in die Höhe.

STADTBALKON

Wer in der Stadt wohnt, muss meist mit einem begrenzten Platzangebot zurechtkommen. Oft ist der Balkon der einzige Ort außerhalb der Wohnung, auf dem die Kultivierung von Pflanzen möglich ist. Mit ein paar Balkonkästen kommt man aber nicht weit, wenn man mehr pflanzen möchte als einige wenige Blumen oder Kräuter. Mit ausgeklügelten Systemen, ob Marke Eigenbau oder fertig gekauft, können Sie sehr viel mehr aus dem vorhandenen Platz herausholen. Dabei sind solche Systeme nicht nur zweckmäßig, sondern häufig auch dekorativ und können bewusst als Gestaltungselemente eingesetzt werden.

HÄNGEND UND STEHEND

Häufig bietet sich das Balkongeländer dazu an, mehr als eine „Etage" mit Töpfen und Kästen zu bestücken [→ c]. Weil eine Befestigung häufig nur oben an der Brüstung möglich ist, werden die einzelnen Kästen, die untereinanderhängen, miteinander verbunden. So können Sie diese einzeln an Gurten oder Seilen befestigen und flexibel in der Höhe ausrichten; es gibt aber auch Systeme, bei denen Kästen oder auch Pflanztaschen bereits in festen Abständen miteinander verbunden sind. Völlig unabhängig von Balkonbrüstungen oder Wänden sind Etageren, die frei aufgestellt werden [→ b]. Ob zum Zusammenstecken, Auseinanderklappen oder -falten: die Hersteller bieten die unterschiedlichsten Mechanismen und auch Materialien an.

ESSBARE WÄNDE

Neben den eher kleinteiligen Einzellösungen gibt es auch Systeme, die sich zu kompletten Wänden zusammenbauen lassen. Diese können Sie zum Beispiel an den herkömmlichen Trennwänden befestigen, die häufig als Sichtschutz zwischen Balkon und Terrassen eingesetzt werden [→ a]. Statt auf langweilige glatte Holz- oder Kunststoffwände schauen Sie nun auf heranreifendes Gemüse oder aromatische Kräuter, die zumeist auch noch auf Augenhöhe geerntet werden können.

Während sich bei den kleineren Systemen der Aufwand fürs Gießen und Düngen noch in Grenzen hält, sind bei den größeren Wänden mehr oder weniger einfache Bewässerungssysteme schon integriert, damit die in den Pflanztaschen wachsenden Pflanzen gut versorgt werden. Denn im Vergleich zu der Kultivierung im Beet haben Pflanzen in Töpfen und eben auch in solchen Wandsystemen nur einen begrenzten Wurzelraum und müssen daher besonders gleichmäßig gewässert und gedüngt werden.

UPCYCLING Haben Sie noch irgendwo eine alte Leiter herumstehen? Mit wenigen Handgriffen und etwas Farbe können Sie daraus eine funktionelle und dekorative Pflanzentreppe herstellen. Achten Sie aber immer darauf, dass diese auch dann noch standfest ist, wenn sie mit Pflanzen bestückt wird.

GENUSS VOM BALKON

Selbstversorgung auf kleiner Fläche

Klassische Salate, aber auch wärmeliebende Gemüsearten, deren Heimat in Südeuropa oder gar in tropischen Gefilden liegt, gedeihen auf geschützten, sonnigen Balkonen und Terrassen oft besser als im Garten.

DIESE GEMÜSE UND KRÄUTER SOLLTEN NICHT FEHLEN

NAME	KULTUR	BESONDERHEITEN
Kopfsalate (*Lactuca sativa*)	Aussaat ab März/April unter Glas oder im Haus, ab Ende April bis Juni ins Freiland; Jungpflanzen später vereinzeln	zahlreiche Sorten mit unterschiedlichem Geschmack von süßlich bis feinherb
Pflücksalate (*Lactuca sativa* var. *crispa*)	ab Ende April direkt in Reihen, Vereinzelung nicht nötig, laufende Ernte der äußeren Blätter fördert das Nachwachsen	es gibt inzwischen Saatmischungen, die auch asiatische Blattsalate beinhalten
Karotten (*Daucus carota* subsp. *sativus*)	Direktsaat ab April, eventuell Ausdünnen bei zu dichtem Wuchs	besonders geeignet sind kleinwüchsige Sorten, wie die runde 'Pariser Markt' (s. Bild rechts), die zudem besonders fein schmecken
Tomaten (*Solanum lycopersicum*)	Aussaat bereits ab Februar unter Glas, nicht vor Mitte Mai ins Freie pflanzen; sonnigen, geschützten Standort wählen	am besten eignen sich buschig bis hängend wachsende kleinfrüchtige Sorten (Cocktailtomaten)
Basilikum (*Ocimum basilicum*)	ein sonniger Standort und gleichmäßige Wasserversorgung sind wichtig; am besten kräftige Jungpflanzen kaufen	kleinblättrige Sorten lassen sich einfacher kultivieren als z. B. die bekannte Sorte 'Genoveser'
Oregano (*Origanum vulgare*)	benötigt einen sonnigen Standort und ein eher mageres Substrat	in Staudengärtnereien erhält man zahlreiche dekorative Sorten, teils auch mit buntem Laub

LECKERE KLASSIKER

Klassische Gemüsearten wie Karotten, Radieschen, Rote Bete, Salat, Tomaten oder verschiedenen Kohlarten können auf dem Balkon kultiviert werden. Platz ist in Wandsystemen, Balkonkästen, Kisten, Kübeln oder auch in Hochbeeten. Ein Platz für das Gemüse findet sich immer, vor allem natürlich rund um das Balkongeländer, denn der klassische Balkonkasten hat noch lange nicht ausgedient. Pflanzkästen, ebenso wie alle anderen Pflanzgefäße, gibt es in bunten Farben, ausgefallenen Formen und edlen Materialien, dazu mit vielen praktischen Details. Viele Sorten eignen sich sowieso für den Anbau in Töpfen und Kästen auf dem Balkon. In den letzten Jahren sind aber vermehrt auch Sorten auf den Markt gekommen, die extra für den Anbau in kleinen Gefäßen gezüchtet wurden und z. B. früher reifen als die „großen". Das Minigemüse erobert nun unsere Terrassen und Balkone. Mithilfe dieser kleinwüchsigen Pflanzen kann auch bei wenig Platz eine große Artenvielfalt erreicht werden. Ob als Naschgemüse oder zur Verarbeitung in der Küche: Die eigene Ernte macht Spaß, und gesünder als ganz frisch geerntet, kann Gemüse gar nicht sein.

SALATVIELFALT

Vor wenigen Jahren noch war der klassische Kopfsalat der Hauptvertreter unter den Salaten. Daneben hat auch der Eisbergsalat aufgeholt, doch damit ist die Auswahl noch lange nicht zu Ende. Bei den Kopfsalaten sind fast alle Farben und Formen erhältlich: Es gibt grüne, gelbe, rote und mehrfarbige Sorten, solche mit glatten oder stark gekräuselten Blättern, mit gewellten Blatträndern oder mit Buchtungen, die an Eichenlaub erinnern (siehe auch Seite 98–99). Im Gegensatz zu den Kopfsalaten bilden Pflücksalate keine Köpfe aus, sondern lockere Blattschöpfe. Sie sind ideal bei wenig Platz, weil sie die ganze Saison über ausgesät werden können: Vom zeitigen Frühjahr bis in den Herbst hinein. Anders als bei den Kopfsalaten wird hier aber nicht die ganze Pflanze geerntet, sondern es werden nach und nach immer nur die äußeren Blätter gepflückt, gerade so viele wie benötigt werden.

KRÄUTER SIND IMMER DABEI

Kräuter bringen Geschmack und Raffinesse in unsere Speisen, außerdem tun sie Gutes: Ihre vielfältigen Inhaltsstoffe helfen bei der Verdauung, ätherische Öle wirken sich positiv auf den Stoffwechsel aus. Für eine kleine Küchenkräutersammlung sollte also unbedingt ein Plätzchen frei gehalten werden, damit das Gewünschte immer schnell zur Hand ist. Kräuter verbinden Nutzen auch mit Schönheit: Viele Kräuter blühen mit kleinen, zarten Blüten, duften intensiv und haben ein fantastisches Blätterkleid. Außerdem sind sie eine wichtige Nahrungsquelle für Bienen und Hummeln, die es auch in der Stadt gibt.

LÄRM- UND SICHTSCHUTZ

begrünte Lösungen

Vertikale Gärten sind auch als begrünte Lärmschutzwände eine gute Lösung. Sie absorbieren den Lärm und sind zugleich auch ein zuverlässiger Sichtschutz gegen neugierige Blicke der Nachbarn.

SCHNELLE WIRKUNG

Die Lärmschutzwand 'Helix® Compacta' ist ein System aus fertig bepflanzten und vorkultivierten Wandelementen, die bei der Montage bereits zu ca. 50–60 % begrünt sind. Bei diesem Gemeinschaftsprojekt der HELIX® Pflanzensysteme GmbH und Vegasonic® sichert die neue, pflanzenschonende Technologie den Begrünungserfolg. In kürzester Zeit ist daher nur noch eine „Grüne Wand" sichtbar [→ c].
Lärmdämmung und -absorption sind durch das hohe Raumgewicht und die offenporige Struktur hervorragend. Weitere positive Effekte der Pflanzen, wie die Kühlung und Befeuchtung der Luft und die Schadstoffresorption kommen hinzu.
Besonders hoch ist der ökologische Nutzen, wenn die Pflanzen in der Wand mit Regenwasser aus einer Zisterne versorgt werden.

VORGEFERTIGTE BEGRÜNUNG

Die Pflanzen werden in den Vegetationsmatten der Wandelemente kultiviert, sodass sie nicht nur schonend angebracht werden können, sondern auch besonders gut in den Substratkern einwachsen und sich schnell weiter entwickeln können [→ a].
Begrünt werden die Wände vor allem mit einem speziellen Efeu (Hedera helix), der sich für den Einsatz an vertikalen Begrünungen besonders eignet. Andere Pflanzenarten, z. B. robuste Stauden und Gräser, werden auf Wunsch auch gepflanzt, wodurch schöne Farbeffekte erzielt werden.

SCHNELLE MONTAGE

Die Wand kann auf fast allen unbefestigten oder befestigten Flächen – sogar auf Dächern – errichtet werden. Voraussetzungen sind die grundsätzliche statische Eignung und eine Infrastruktur zur Versorgung der Pflanzen mit Wasser und Nährstoffen.
Die Montage sollte man aber Fachleuten überlassen, die über das nötige Know-how, ausreichend Personal und die notwendige Technik verfügen.
Innerhalb weniger Tage sind dann schnell die Pfosten gesetzt und im Fundament verankert. Im Hausgarten ist das in der Regel ein Betonfundament. Parallel werden die Versorgungsleitungen zur Wand verlegt. Anschließend werden die fertigen Wandfeldelemente lagenweise montiert, mit Substrat verfüllt [→ b] sowie mit den Tropfrohren für die Bewässerung versehen. Eine Versorgungsanlage leitet Wasser und notwendige Nährstoffe in die Wand. Je nach Größe der Fläche werden diese vormontiert mitgeliefert oder individuell geplant.
Wichtig: Beachten Sie immer die örtlichen Bauvorschriften und erkundigen Sie sich im Zweifelsfall bei ihrer zuständigen Baubehörde. In manchen Kommunen gibt es Höhenbeschränkungen für Hecken und Mauern. Ab zwei Metern Wandhöhe ist in der Regel immer ein Bauantrag und ein Nachweis der Standsicherheit notwendig. Aber keine Angst: Wer eine grüne Wand bauen will, stößt bei der Beantragung meist auf offene Ohren.

↘ SO GEHT'S

[a] ELEMENTE EINHÄNGEN Die vorbepflanzten Gittersegmente haben eine Höhe von 100 cm. Sie werden an den H-förmigen Pfosten (rechts im Bild) befestigt.

[b] SUBSTRAT EINFÜLLEN Es wird lagenweise gearbeitet, nach jeder Lage kommt eine horizontale Verspannung zwischen die Gitter, um eine Ausbeulung zu verhindern. Anschließend füllen die Gärtner das Substrat in den Zwischenraum. Erst dann befestigen sie die nächste Lage Gitterelemente.

[c] DICHTE LAUBWAND Nach wenigen Monaten ist von der Konstruktion nichts mehr zu sehen. Eine immergrüne Bepflanzung ist zu jeder Jahreszeit attraktiv und kühlt zudem durch Verdunstung die Luft in der Umgebung.

PFLANZENWÄNDE

Der Lärm bleibt draußen

Bepflanzte Lärmschutzwände erfüllen nicht nur ihren Zweck, sondern sind dekorativ und gleichzeitig ökologisch wertvoll. Außerdem bieten sie vielen Wildtieren einen idealen Lebensraum.

DAS MASSE-PRINZIP

Neben dem bereits auf der vorigen Doppelseite vorgestellten System gibt es natürlich weitere lärmabweisende Modelle. Durch das Prinzip des zwischen den beiden bepflanzten Seiten befindlichen Substrates wird bereits ein erheblicher Anteil an Schall absorbiert. Die Pflanzen tragen ein Übriges dazu bei, dass es hinter der Wand erheblich ruhiger zugeht als davor. Als Prinzip gilt immer: Je mehr Masse, also je schwerer die Wand, desto besser ist die Wirkung. Und um den besten Lärmschutz zu erreichen, sollte die Wand so nahe wie möglich an der betreffenden Lärmquelle angebracht werden. Mit einer Schallschutzwand von zwei Metern Höhe lässt sich der Verkehrslärm bereits erheblich reduzieren.

HOHE STANDFESTIGKEIT

Völlig ohne Fundamente kommt man bei der Aufstellung der begrünten Lärmschutzwand der naturawall GmbH aus. Die schnell und einfach aufzubauende Konstruktion, die aus langlebigen feuerverzinkten Stahlblechen besteht, wird zur Lärmdämmung mit Erde befüllt und im Anschluss etagenweise bepflanzt. Durch die große Masse an natürlichem Material (eine eingewachsene Lärmschutzwand besteht zu 98,5 Prozent aus Erde und Pflanzen) bietet das System höchste Schallschutzeigenschaften in Kombination mit enormer Standsicherheit. Dies ist vor allem durch den A-förmigen Querschnitt bedingt, das heißt, die Wand ist im unteren Bereich recht breit und verjüngt sich nach oben. Grundsätzlich handelt es sich dabei um einen durch Stahlplanken begrenzten Erdwall. Durch diese Verstärkung ist ein niedrigerer Querschnitt möglich als bei einem klassischen Erdwall, der sehr viel Platz benötigt. Daher eignet sich die naturawall-Pflanzwand auch für innerstädtische Bereiche, zum Beispiel als Abgrenzung des eigenen Grundstücks zur stark befahrenen Straße.

DAS MATERIAL

Nach Aussagen des Herstellers ist die Leichtbauweise aus Stahl nachhaltig und ressourcenschonend. Denn umweltschonend soll nicht nur die Herstellung des Baumaterials sein, sondern die Bauweise selbst. Dabei muss das Bauvorhaben in seinem gesamten Lebenszyklus betrachtet werden. Durch die Vorfertigung in der Werkstatt ist eine schnelle und energiesparende Montage auf der Baustelle möglich. Dazu kommt ein sauberer und energiesparender Rückbau, denn Stahl kann komplett recycelt werden.

DEN TIEREN ZULIEBE Pflanzen Sie eine regionaltypische Vegetation in die Wand. Dadurch schaffen Sie besonders wertvollen Lebensraum für die heimische Tierwelt. Außer Nahrung bieten die Pflanzen auch Unterschlupfmöglichkeiten, die in der Stadt knapp sind.

AUFBAU UND BEPFLANZUNG

Die Konstruktion kann einfach auf einem verdichteten Kiesbett aufgesetzt werden. Die Verschraubung der Elemente und die Befüllung mit Erde können Sie auch selbst erledigen, ebenso wie die Begrünung. Für die Bepflanzung kann eine große Auswahl an Bodendeckern, Kletter- und Rankpflanzen, Kleinsträuchern und Zierpflanzen verwendet werden. Besonders attraktiv sind gemischte Bepflanzungen, die in jeder Jahreszeit etwas fürs Auge bieten. Verwenden Sie dabei einen hohen Anteil an Immergrünen, dazu Pflanzen mit dekorativen Blüten, attraktiver Herbstfärbung und schönem Fruchtschmuck. Vorder- und Rückseite sollten Sie je nach Lichtverhältnissen unterschiedlich bepflanzen. Durch den stufenartigen Aufbau wird keine zusätzliche automatische Bewässerung benötigt. Lediglich in den ersten Monaten nach der Bepflanzung und in längeren Trockenperioden muss bewässert werden. Rindenmulch oder Hackschnitzel verhindern nach der Pflanzung die Bildung von Unkraut, bis alles dicht begrünt ist.

GUTES KLIMA

Pflanzen filtern den Feinstaub, indem sie ihn aus der Luft passiv aufnehmen. Neben einer elektrostatischen Anziehung und Bindung wird die Ablagerung von Feinstaub von der strukturellen Beschaffenheit der Blattoberflächen bestimmt. Raue und haarige Blätter erzielen die beste Wirkung.

NATUR ALS VORBILD Orientieren Sie sich bei der Bepflanzung am besten an der Umgebung. Auch in einer wilden Hecke wachsen die unterschiedlichsten Sträucher, Stauden und Kletterpflanzen miteinander und ineinander. Je nach Jahreszeit sieht die bepflanzte Wand immer wieder anders aus. Während immergrüne Pflanzen für die Grundstruktur zuständig sind, setzen bunte Blätter und Blüten farbige Leuchtpunkte. Beim Filtern des Feinstaubes darf eine vollflächige Bepflanzung nicht unterschätzt werden. Bereits nach einem Jahr trägt eine Wand, wie die oben gezeigte, maßgeblich dazu bei.

↘ SO GEHT'S

[a] DAS ZUBEHÖR Die Gittermatten und die Befestigungsteile gibt es im Baumarkt als Fertigpakete zur Eigenmontage. Auch das Steinmaterial finden Sie im Baustoffhandel oder eventuell bei Recyclingfirmen.

[b] GITTERKÖRBE BEFÜLLEN Nach dem Zusammenbau der Gitterkörbe füllen Sie die erste Schicht Steinmaterial ein. Achten Sie auf eine gute Durchmischung der verschiedenen Steingrößen.

[c] PFLANZEN EINSETZEN Wenn Sie die Gabione bepflanzen wollen, sollte sich im Inneren genug Substrat befinden, um den Pflanzen einen großräumigen Wurzelraum zu ermöglichen. Stecken Sie die Pflanzen mit ihrem Ballen durch das Gitter und schichten Sie die nächste Lage Steine darüber auf.

[d] OBERSEITE BEPFLANZEN Nachdem Sie die oberste Etage erreicht haben, bepflanzen Sie auch die Oberseite und decken das Substrat mit kleinen Steinchen oder Split ab.

[e] FERTIGE GABIONE Diese bepflanzte Gabione dient als Beispiel für den Eck-Abschluss einer Mauer. Sie ist oben und an den äußeren Seiten bepflanzt.

GABIONEN AUFBAUEN

Schritt für Schritt

Auch kahle Mauern lassen sich durch vertikale Systeme zu etwas ganz besonderem machen. In den letzten Jahren haben sich dafür zum Beispiel sogenannte Gabionen zu sehr beliebten und häufig verwendeten Elementen entwickelt.

PRAKTISCHE GITTERKÖRBE

Während der Aufbau einer Trockenmauer gar nicht so einfach ist, können auch Laien ohne größere Probleme eine Mauer mithilfe von Gabionen erstellen. Im Prinzip handelt es sich dabei um einen Käfig aus Metall, der mit Steinen gefüllt wird. Die Steine werden dabei nicht ordentlich aufgeschichtet, sondern völlig unsortiert und bunt durcheinander in die Gitterkörbe eingefüllt. Ebenso wie bei Trockenmauern verwendet man also keinen Mörtel. In den Fugen zwischen den Steinen können daher Pflanzen gedeihen. Am besten wachsen die Pflanzen an, wenn Sie sie während des Aufschichtens der Steine bereits mit „einarbeiten".

STEIN AUF STEIN

Die Gabionen werden meist als Selbstbaupakete verkauft [→ a], die sich ganz einfach nach Anleitung zusammenstecken lassen. Die Kanten werden in der Regel durch spiralförmige Metallelemente zusammengehalten. Für den Aufbau nehmen Sie also zunächst die Seitenwände und das Bodenelement und stecken alles entsprechend zusammen. Anschließend können Sie das Steinmaterial in den Korb schütten. Achten Sie dabei darauf, dass sich die Steine gleichmäßig verteilen und keine allzu großen Lücken entstehen [→ b].

DIE PFLANZEN INTEGRIEREN

Genauso wie in Trockenmauern fühlen sich vor allem Polsterpflanzen aus Gebirgsregionen zwischen den Steinen in den Gabionen wohl. Sie werden an den Außenflächen zwischen die Steine gepflanzt und können dann durch das Gitter wachsen [→ c]. Aus diesem Grund sollte sich im Inneren der Gabione genügend Substrat befinden. Schichten Sie also, nachdem Sie den unteren Bereich mit Steinen aufgeschüttet haben, nur noch an den Außenflächen weitere Steine auf. Das Innere der Gabione füllen Sie hingegen mit Erde. An den Stellen, an denen Sie die Pflanzen haben möchten, stecken Sie diese einfach von außen durch das Gitter. Darüber kommt dann wieder die nächste Lage Steine. Am schönsten sieht es aus, wenn Sie die Pflanzen etwas unregelmäßig verteilen.

DIE MAUERKRONE

Ist die Gabione komplett gefüllt, können Sie das obere Gitter darauf befestigen. Bei einer Mauerkonstruktion ist es aber schöner, wenn Sie auch die Oberseite bepflanzen [→ e]. Hier eignen sich am besten alpine Stauden wie zum Beispiel Dachwurz (Sempervivum). Zum Abschluss streuen Sie noch kleine Kieselsteine oder Split zwischen die Pflanzen, um das Substrat abzudecken [→ d].

STAUNÄSSE VERMEIDEN Die Pflanzen werden nach dem Einsetzen einmal gründlich angegossen und können danach getrost sich selbst überlassen werden: Sie sind allesamt Trockenkünstler. Viel wichtiger ist, dass das Regenwasser gut abfließen kann und vor allem in den Wintermonaten keine Staunässe herrscht.

BUNT STATT GRAU

Mauern verschönern

So manche langweilige oder sogar hässliche Mauer lässt sich schon mit wenigen Pflanzen verschönern. Auch beim Bau von neuen Mauern lohnt es sich, von vornherein an die Bepflanzung zu denken.

GUTE „MAUERGESELLEN"

PFLANZENNAME	LAUBFARBE	TIPPS
Hängebambus (Agrostis stolonifera)	grün; Sorte 'Green Twist'	für Sonne und Halbschatten hängender, starker Wuchs; winterhart
Silberwinde (Convolvulus cneorum)	silberfarben; Sorte 'Silver Falls'	für Sonne und Halbschatten leicht hängender Wuchs; pflegeleicht
Gundermann (Glechoma hederacea)	grün-weiß; Sorte 'Variegata'	am besten halbschattiger Standort; hängender, starker Wuchs; winterhart
Purpurglöckchen (Heuchera-Hybriden)	rotbraun, maigrün, ockerfarben; Sorten z. B. 'Purple Petticoat' (pflaumenfarben)	halbschattiger Standort stehender Wuchs; winterhart, immergrün
Süßkartoffel (Ipomoea batatas)	maigrün, mahagonibraun, schwarzbraun; Sorten 'Sweet Caroline', 'Sweet Heart'	sonniger Standort, sehr wärmebedürftig; starker, hängender Wuchs
Buntnessel, (Solenostemon scutellarioides)	sehr großes Farbspektrum; Sorten z. B. 'Dark Star' (schwarzrot), 'Quaterback' (maigrün)	am besten halbschattiger Standort, aber wärmebedürftig; stehender Wuchs
Winterjasmin (Jasminum nudiflorum)	dunkelgrün, winzig, Stängel ebenfalls grün, vierkantig, dadurch erscheint die Pflanze wintergrün	sonniger bis halbschattiger Standort, bei zu dichtem Wuchs etwas auslichten

LÜCKEN FÜR PFLANZEN

Wenn Sie gerade überlegen, ob Sie Ihr Grundstück durch eine Mauer von den Nachbarn abgrenzen sollten oder ob Sie sich doch eher für einen Zaun oder eine Hecke entscheiden sollten, könnten Sie auch über eine Kombination aus Mauer und Pflanzstreifen nachdenken. So könnten Sie einen Teil der Mauer durch Gabionen ersetzen, aus denen gründende oder blühende Pflanzen herauswachsen. Am einfachsten ist dabei natürlich die Verwendung von pflegeleichten Polsterpflanzen, wie in dem Beispiel auf der vorigen Doppelseite schon gezeigt wurde. Doch mit entsprechenden Bewässerungssystemen können Sie die Gabionen natürlich auch mit Pflanzen bestücken, die einen höheren Wasserbedarf haben.

VORHANDENES VERSCHÖNERN

Häufiger begegnet einem der Fall, dass vorhandene Mauern oder Wände optisch einfach störend sind. In diesem Fall muss man auf andere Möglichkeiten zurückgreifen, um dort Pflanzen zu integrieren.
Am einfachsten ist es natürlich, die Wand mit einem Klettergerüst oder einer ähnlichen Vorrichtung zu versehen, an der dann Kletter- oder Rankpflanzen nach oben wachsen können. Bei entsprechender Auswahl sowohl der Klettervorrichtung als auch der Pflanzen kann so eine Mauer mit den Jahren komplett

überwuchert werden. Manche Pflanzen benötigen auch gar keine Kletterhilfe, weil sie sich durch Haftwurzeln oder Ähnliches an der Wand festhalten können. Dies kann aber vor allem bei verputzten Wänden zu Problemen führen, weil der Putz dadurch angegriffen wird und allmählich abplatzen kann. Daher sollte man am besten nur auf Pflanzen zurückgreifen, die sich mit Ranken an der Kletterhilfe festhalten oder die sich nach oben winden.

KASKADENPFLANZEN

Manche Pflanzen wachsen überhängend mit langen Trieben und eignen sich damit besonders, um sie, natürlich in ausreichend großen Behältern, auf Mauerkronen zu pflanzen, von denen aus sie im Laufe der Zeit ihre Triebe bis nach unten hängen lassen. Winterjasmin *(Jasminum nudiflorum)* ist eine solche Pflanze. Ihre zweite Stärke ist die Blütezeit im Winter.

LEBENDE WANDBILDER

Schließlich gibt es noch die Möglichkeit, Behälter wie Taschen oder Kästen an der Wand zu befestigen, in denen die Pflanzen wachsen können. Richtig grün oder bunt wird es natürlich erst, wenn so viele Pflanzen verwendet werden, dass die Wand zum größten Teil bedeckt ist. Die Kästen lassen sich dabei genau so bepflanzen wie am Balkongeländer. Durch die größere Menge können Sie dabei aber viel schöner mit Farben und Strukturen spielen. Auf diese Weise lassen sich kunterbunte oder auch zurückhaltende Pflanzenbilder „malen". Manche sind nur für eine Saison gedacht, mit anderen Pflanzen können Sie aber auch dauerhafte Wandgemälde gestalten.

[a]

[b]

[c]

↘ SO GEHT'S

[a] DAS WHEELYPLANT SYSTEM Hier noch ohne Bepflanzung. Deutlich ist zu sehen, wie dicht die einzelnen Pflanztaschen aus Polyesterfilz zusammen stehen. Auch das Prinzip des Bewässerungssystems ist gut zu erkennen.

[b] DIE BEPFLANZUNG Das Unternehmen bietet zwei Varianten an: die aus Polyesterfilz und eine aus Wollfilz. Die Pflanzen werden von unten nach oben in die einzelnen Pflanztaschen gesetzt.

[c] BEWÄSSERN Direkt nach dem Bepflanzen ist es sinnvoll, alles erst einmal gründlich anzugießen, um so ein zügiges Anwachsen zu fördern.

[d] GESCHLOSSENE WAND Die Pflanzen wachsen nach kurzer Zeit so dicht zusammen, das von der Rückwand nichts mehr zu sehen ist. Die Bepflanzung variiert je nachdem, ob das System in der Sonne oder im Schatten steht.

[d]

EINE GRÜNE WAND

Pflanztaschen-System mit Bewässerung

Wo bereits Mauern stehen und auch nicht durchbrochen werden können, kommen Lösungen zum Einsatz, bei denen die Pflanzen in Taschensystemen wachsen, die ebenfalls größere Flächen bedecken.

PFLANZTROG UND WAND IN EINEM

Beim Maximizedesign Wheelyplant System handelt es sich um Bepflanzungselemente, bei denen ein geräumiger Pflanztrog mit einer bepflanzbaren Wand verbunden ist. Die Wand selbst besteht aus einer stabilen Rückwand, die mit einem Geo-Textil bespannt ist, an dem wiederum die Pflanztaschen befestigt sind. Auch ein Wasserleitungssystem mit Tröpfchenbewässerung ist bereits integriert [→ a]. Die einzelnen Elemente können dabei beliebig miteinander kombiniert und zu kompletten Mauern aufgestellt werden. Alle Wände haben vertieft eingesetzte Industrierollen darunter, welche kaum zu sehen sind. Daher sind die Wände beweglich. Bei Bedarf installiert Maximizedesign Rollen mit Bremsen, falls die Wände z. B. auf Schrägen aufgestellt werden. Vor allem als variabler Sichtschutz auf Balkon oder Terrasse sind sie besonders geeignet.

SO WIRD GEPFLANZT

Bei der Bepflanzung der Elemente beginnt man am besten mit den unteren Pflanztaschen der Wand [→ b]. Je nach Standort, Sonne oder Schatten, setzt man die entsprechenden Pflanzen Stück für Stück in die Pflanztaschen, in die man zuvor Substrat eingefüllt hat. Auf diese Weise kann man Wände zum Naschen konzipieren, in denen hängende Erdbeeren, Cocktailtomaten, verschiedene Kräuter oder essbare Blütenpflanzen wachsen. Aber natürlich können Sie auch dauerhafte Wandbilder mit blühenden Stauden und den unterschiedlichsten Blattschmuckpflanzen zusammenstellen.

ETAGE FÜR ETAGE

Auf diese Weise arbeiten Sie sich von unten nach oben vor. Am besten gießen Sie auch zwischendurch immer wieder die frisch gepflanzten Gewächse an, damit ihre Wurzelballen auf keinen Fall austrocknen [→ c]. Nach der kompletten Bepflanzung sieht man schon fast nichts mehr von der Wand, da die Pflanztaschen sehr eng zusammenstehen. Schon nach kurzer Zeit wird gar nichts mehr von ihr zu sehen sein. Zum Schluss wird der integrierte Trog bepflanzt. Dafür können Sie die gleichen Pflanzen wie für die Wand verwenden, aber auch auf kleine Gehölze oder Stauden zurückgreifen, die für die Pflanztaschen zu groß wären [→ d]. Für die Bewässerung brauchen Sie nun lediglich einen Gartenschlauch an das Bewässerungssystem anzuschließen.

IMMERGRÜN & PFLEGELEICHT: BERGENIEN

ART/SORTE	BLÜTENFARBE	BESONDERHEITEN
Bergenia-Hybride 'Baby Doll'	zartrosa	besonders kompakt im Wuchs; im Winter rötliche Laubfärbung
Bergenia-Hybride 'David'	kräftig pink	kompakter Wuchs, im Winter kräftige rote Laubfärbung, sehr auffällig!
Bergenia-Hybride 'Rote Schwester'	leuchtend hellrot	Laub klein und löffelförmig, in der Sonne besonders intensive Rotfärbung
Bergenia stracheyi 'Ice Queen'	grünlich-weiß	Laub dunkelgrün, im Winter an den Rändern rot färbend

GRÜNE ATMOSPHÄRE

Lebensraum für viele Tiere

Hauswände mit Pflanzen dauerhaft zu begrünen, hat eine lange Tradition, denn es ist auch eine Möglichkeit, eintönige Fassaden auf naturnahe Weise zu gliedern und spannungsreicher zu gestalten.

NISTPLATZ UND VERSTECK

Begrünte Wände schützen nicht nur Häuser vor extremer Witterung, produzieren Sauerstoff und verbessern auf diese Weise das Klima, sondern bieten auch Lebensraum für zahlreiche Vögel, Kleinsäuger und Insekten. Vor allem Vögel sind auf Möglichkeiten angewiesen, an versteckten Orten zwischen Zweigen ihre Nester bauen zu können. Gerade in der Stadt finden sie nicht allzu viele dichte Hecken, in denen sie vor Fraßfeinden wie z. B. Katzen geschützt sind. Eine begrünte Wand ist für sie ein idealer Lebensraum. Zwischen den Blättern sind ihre Nester perfekt vor den Blicken der Feinde geschützt und außerdem finden hier auch zahlreiche Insekten Unterschlupf, die wiederum als Nahrungsquelle dienen. Und anders als auf Bäume kommen Katzen nicht die Wände hoch und stellen somit keine Gefahr für die Vögel dar.

NISTHILFEN AUFHÄNGEN

Zahlreiche Vogelarten wie zum Beispiel Amseln, Heckenbraunellen oder Zaunkönige bauen ihre Nester direkt in das Pflanzendickicht. Sie benötigen keine weiteren Hilfestellungen, um mit dem Nestbau beginnen zu können. Lediglich weiches Pflanzenmaterial wie Moos, trockenes Gras und Ähnliches sollte in ihrer Umgebung vorhanden sein. Andere Vögel bauen ihre Nester in Bruthöhlen, zum Beispiel in morsche Bäume oder in Nischen von Gebäuden. Gerade

in der Stadt ist aber beides häufig nicht vorhanden, sodass man den Vögeln einen Gefallen tut, wenn man passende Nistkästen auffängt. Je nach Größe der Vögel benötigen diese auch unterschiedlich große Nistkästen mit unterschiedlich großen Einfluglöchern. Im Fachhandel gibt es die unterschiedlichsten Modelle, die auf die einzelnen Vogelarten abgestimmt sind. Auch bei den Materialien ist alles dabei, vom luxuriösen Starenkasten mit einem Dach aus Kupferblech über handgefertigte Nisthöhlen aus Keramik bis hin zu einfachen und unauffälligen Brutkästen aus Fichtenholz für Meisen. Wichtiger als das Material ist die richtige Aufhängung der Kästen. Ein Flugloch sollte weder direkt von der Sonne beschienen werden noch der Wetterseite zugewandt sein, sondern am besten in Ost- oder Süd-Ost-Richtung zeigen.

LUFTPOLSTER Wussten Sie schon, dass eine begrünte Wand auch einen Beitrag zum Klimaschutz leistet? Zwischen den Pflanzen und der Wand besteht eine stehende Luftschicht mit nicht zu unterschätzender Dämmwirkung. Dies ist vor allem im Winter, mit einer Bepflanzung aus Immergrünen wie Efeu, interessant. Im Sommer hingegen verhindert das Blätterkleid eine direkte Aufheizung bei Sonneneinstrahlung, es hat also eine kühlende Wirkung.

FUTTERSTATION IN DER WAND

Zahlreiche Pflanzen, die häufig für die Wandbegrünung verwendet werden, bieten den Tieren auch reichlich Nahrung. Gerade von vielen unauffälligen Pflanzen erwartet man eigentlich gar nicht, dass sie offenbar von zahlreichen Insekten geschätzt werden. Im Spätsommer sind zum Beispiel Wände mit alten Efeupflanzen, die doldige grüne Blüten tragen, dicht an dicht von Bienen belagert. Offensichtlich sind Efeublüten äußerst nektarreich. Die Beeren, die sich später daraus entwickeln sind hingegen bei Vögeln äußerst beliebt, ebenso bei den winzigen Adelmäusen und Siebenschläfern. Doch nicht nur die „großen" Kletterpflanzen, die komplette Wände bedecken, sind wertvoll für Tiere. Auch Blütenpflanzen, die in Pflanztaschen, in Körben oder in sonstigen Behältern an der Wand wachsen, dienen den Insekten als Nahrungsquelle. Aber nicht immer nur die auffallenden, plakativen Blüten, werden von Bienen und anderen Insekten besucht. Im Gegenteil, oft sind es kleine, unscheinbare Lippenblüten, wie sie bei vielen Kräutern und Aromapflanzen zu finden sind, die die Insekten unwiderstehlich anziehen.

Wer den Insekten zusätzlich noch etwas Gutes tun will, kann zwischen den Pflanzen so genannte Insektenhotels aufhängen (gekauft oder selbst gebaut), in denen die verschiedenen Tierchen Unterschlupf finden, ihre Eier ablegen und teilweise auch überwintern können.

BUNTE FAUNA Wer brütende Vögel in seinem Garten findet, kann sich glücklich schätzen. Denn ein Brutpaar, das seine Nachkommen füttern muss, fängt eine Unmenge an Insekten, Larven und Raupen. Auf diese Weise holen Sie sich einen natürlichen Pflanzenschutz in den Garten und brauchen sich viel weniger über Blattläuse und von Raupen angenagte Blätter ärgern. In der Wirtschaft würde man so etwas als klare Win-win-Situation bezeichnen.

ERSTE SCHRITTE

für eine gute Planung

Vor der Umsetzung steht zunächst die gründliche Planung. Welche Plätze im Garten, auf der Terrasse oder dem Balkon bieten die Möglichkeit für vertikales Gärtnern? Welche Systeme und welche Materialien eignen sich? Welche Pflanzen wachsen an welchem Standort? Alles Wissenswerte dazu auf den nächsten Seiten.

VERTIKALE MÖGLICHKEITEN
für alle Bereiche

Auch auf kleinstem Raum, auf winzigen Balkonen und Reihenhausterrassen, finden sich zahlreiche Möglichkeiten für vertikales Gärtnern. Dabei können Sie sowohl auf fertige als auch auf selbst gebaute Lösungen zurückgreifen.

AUF DEM BALKON

Auf jedem noch so kleinen Balkon gibt es mindestens zwei Möglichkeiten, vertikales Gärtnern zu praktizieren. Am Balkongeländer beispielsweise können Sie nicht nur die üblichen Balkonkästen befestigen, sondern auch über- oder nebeneinander verbundene Pflanztaschen [→ 1], Kisten, Körbe und sonstige interessanten Systeme [→ 2], in denen Pflanzen wachsen können. So gibt es beispielsweise von unterschiedlichen Herstellern ganz leichte Kunststoffkästen, die mithilfe von Gurten oder Seilen übereinander befestigt werden, sodass nur der oberste Kasten direkt am Balkongeländer eingehängt wird (s. S. 12). Neben dem Balkongeländer findet sich auf jedem Balkon auch mindestens eine Wand, an der sich Pflanzenbilder [→ 3], aber auch Pflanztaschen [→ 5] aufhängen lassen. Vor allem die Pflanztaschen aus leichtem Textilmaterial sind recht praktisch, weil man für die Befestigung an der Wand lediglich einfache Dübel und Haken benötigt (s. S. 54). Gerade die kleineren Modelle mit drei bis maximal zehn Pflanztaschen auf dem Trägermaterial sind auch in bepflanztem Zustand nicht zu schwer, sodass Sie keine allzu großen Löcher in die Wand bohren müssen. Wandbilder, bei denen verschiedene Pflanzen so innerhalb eines Rahmens arrangiert werden, dass sich dekorative Muster ergeben, sind eher Leichtgewichte, die eine übliche Befestigung nicht überfordern (s. S. 77). Damit sind aber längst noch nicht alle Möglichkeiten ausgereizt. Ist der

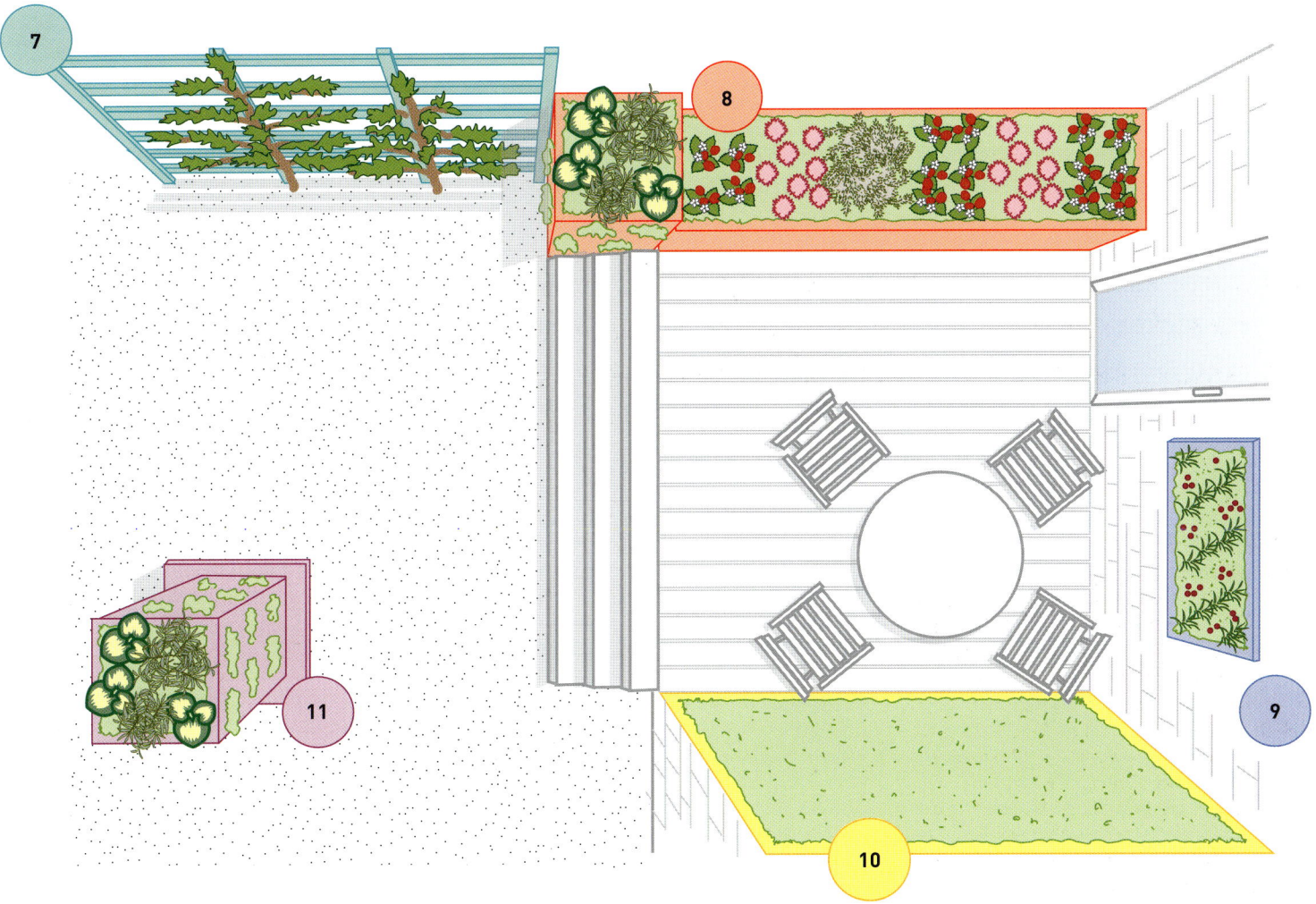

Balkon in eine Nische eingelassen, können Sie in den Ecken ein Regal mit dreieckiger Grundfläche aufstellen, in dem in mehreren Etagen Pflanzen übereinander wachsen oder auch oben herunterranken können [→ 4] (s. S. 93). So z. B. von minigarden® oder Vertiss. Natürlich können Sie auch Leitern oder schmale Regale an eine Wand lehnen, auf deren Stufen die Pflanzen gut zur Geltung kommen. An der Decke Ihres Balkones findet sich vielleicht auch noch Platz für eine hängende Etagere oder auch einfach nur einen „Hanging Basket" [→ 6] (s. S. 93). Und schließlich können von jedem Kübel auf dem Fußboden oder jedem größeren Balkonkasten auch Kletterpflanzen an Schnüren und Seilen nach oben wachsen, wenn Sie die

Möglichkeit haben, diese Rankhilfen mit Haken oder Ringen an der darüber liegenden Decke oder dem oberen Balkon zu befestigen.

AUF UND AN DER TERRASSE
Generell bieten sich auf der Terrasse die gleichen Möglichkeiten wie auf dem Balkon, zumindest was die Wände betrifft. Dort können Sie genauso Pflanztaschen, Wandbilder [→ 9], Regale und Ähnliches befestigen. Bei genügend Platz eignen sich auch Hochbeete und Tröge in unterschiedlichen Höhen [→ 8], die vielleicht noch durch ein Klettergerüst ergänzt werden oder über denen Sie auch noch eine Wand mit Pflanztaschen aufstellen können. Ebenso lässt sich ein langweiliger

Flechtzaun, der die Terrasse zum Nachbarn hin abschirmt, durch ein größeres Pflanzenbild oder durch eine bepflanzte Wand ersetzen [→ 10]. Wer es nicht ganz so dicht mag, kann auch ein Spalier aufbauen, an dem sich verschiedene Obstsorten kultivieren lassen, beispielsweise Äpfel, Birnen, Pfirsiche oder auch Trauben [→ 7] (s. S. 108–113). In Gabionen oder auch auf kleinen gemauerten Hochbeeten gedeihen Kräuter und viele Polsterpflanzen besonders gut, die eher trockene Standorte lieben. Und nicht zuletzt gibt es ganz unterschiedliche stapelbare Pflanzkübel [→ 11], in denen Sommerblumen oder auch Gemüse mit hängender Wuchsform sowie Erdbeeren kaskadenartig wachsen können (s. S. 35).

VERSCHIEDENE PFLANZSYSTEME

Ein kurzer Überblick

Seit vertikales Gärtnern zu einem wichtigen Thema geworden ist, bringen die Hersteller immer neue Pflanzsysteme auf den Markt, in denen die unterschiedlichsten Zier-und Nutzpflanzen kultiviert werden können.

BALKONKASTEN ALS GRUNDLAGE

Jahrzehntelang hat sich die Balkongärtnerei darauf beschränkt, Sommerblumen wie Geranien oder Petunien in lange Balkonkästen zu pflanzen, die am Balkongeländer befestigt werden. Inzwischen werden aber sehr viel raffiniertere Systeme angeboten, bei denen mehrere Balkonkästen auf die unterschiedlichsten Arten miteinander verbunden sind. Auf diese Weise ist es möglich, Pflanzen nicht nur auf der Höhe der Balkonbrüstung, sondern im gesamten Bereich des Balkons anzubringen. Neben Gurt- und Seilsystemen zur Verbindung der Kästen, die den Vorteil haben, dass Sie die Kästen in beliebigem Abstand übereinander aufhängen können, gibt es auch Ausführungen mit stabilen Ösen an den Ober- und Unterseiten. Auf diese Weise können Sie die Pflanzbehälter mit Hilfe von Haken aneinander befestigen (s. auch S. 54). Bei anderen Systemen werden die Kästen einzeln an der Wand befestigt (s. auch S. 56). Einige Hersteller bieten fertige Elemente an, bei denen bereits mehrere Kästen übereinander hängen (s. S. 48). Etwas aufwendiger sind Rahmen oder Schienen, in welche die Kästen eingehängt werden. Meistens sind sie ebenso wie die Kästen selbst aus Kunststoff und werden vorwiegend an oder zwischen den Wänden befestigt. Die Blumenkästen sind dadurch nicht mehr völlig variabel anzubringen, sondern haben untereinander immer denselben Abstand.

PFLANZTASCHEN

Die ersten sogenannten Pflanztaschen wurden wohl von kreativen Stadtgärtnern selbst gefertigt. Aus wetterfesten Materialien wie Bändchengewebe, Wachstuch oder alten LKW-Planen entstanden Wandbehänge mit Taschen, in die die Pflanzen eingesetzt wurden. Inzwischen gibt es aber etliche Pflanztaschensysteme von verschiedenen Herstellern aus den unterschiedlichsten Materialien. Am leichtesten, aber auch am wenigsten belastbar, sind solche aus weichem Vliesgewebe, in denen vor allem Kräuter und sonstige eher schwachwüchsige Pflanzen kultiviert werden. Ziemlich reißfest sind hingegen die Bändchengewebe, die aber trotzdem sehr leicht sind. Als besonders stabil haben sich Pflanztaschen aus LKW-Plane herausgestellt, die häufig aus recycelten Planen hergestellt werden, was im Sinne der Nachhaltigkeit sicher positiv zu werten ist. Übrigens kommt heutzutage auch für viele Pflanzgefäße recyceltes Kunststoffgranulat zum Einsatz, das damit einer sinnvollen Wiederverwertung zugeführt wird. Pflanztaschen gibt es in ganz unterschiedlichen

FAST ALLES IST MÖGLICH Als Pflanzgefäße lassen sich die unterschiedlichsten Behälter verwenden, die sich im Haushalt finden, zum Beispiel PET-Flaschen, leere Milchkartons oder größere Konservendosen.

Größen, als kleine Systeme mit nur wenigen Pflanztaschen für den Balkon, aber auch als großflächig einsetzbare Wandbegrünung für meterlange Mauern und kahle Hauswände (s. auch S. 57).

WANDBILDER

Bilderrahmen, in denen Pflanzen wachsen, waren zunächst eine Idee für den Wohnbereich im Haus. Statt eines Gemäldes schmückte eben ein Pflanzenbild die Wand im Wohnzimmer, in der Küche oder im Bad. Von der Konstruktion her sind die meisten Pflanzenbilder recht ähnlich. An der Vorderseite ist eine Folie oder ein dickes Vlies angebracht, in dem sich Schlitze befinden, durch die die Pflanzen gesteckt werden. Die Rückseite ist verschlossen, dazwischen befindet sich das Substrat, in dem die Pflanzen wachsen. Die einfacheren Systeme werden einfach von oben gegossen, komfortablere verfügen in der Regel über eine integrierte Tröpfchenbewässerung. Die Unterseite ist als Tropfschale ausgebildet, damit kein Wasser auf den Fußboden laufen kann. Inzwischen sind die verschiedensten Systeme auch für den Außenbereich erhältlich, diese dann aber auch in sehr viel größeren Abmessungen und mit innenliegenden Trennwänden, um das Substrat gleichmäßig zu verteilen und um den Gießvorgang komfortabler zu gestalten (s. auch S. 53).

ETAGEREN UND STELLAGEN Neben den verschiedenen Systemen, hier von Vertiflower®, die eine Wand oder eine sonstige Befestigungsmöglichkeit benötigen, gibt es auch solche, die einfach am vorgesehenen Standort aufgestellt werden. Die Modelle reichen von einfachen Pflanztürmen, deren Elemente aufeinandergesteckt werden bis hin zu fahrbaren Konstruktionen. Für den Balkon und die Terrasse eignen sich besonders leichtgewichtige Metall- oder Holzgestelle, in die auf mehreren Etagen Pflanzkästen eingehängt werden.

[1.]

WELCHES MATERIAL?
Die richtige Wahl treffen

Je nach verwendetem Material können die unterschiedlichen Pflanzsysteme praktisch, innovativ, originell oder auch sehr edel aussehen.

[2.]

[3.]

KUNSTSTOFF [1.]

Vorteile Kunststoff ist leicht, preisgünstig und einfach zu verarbeiten. Moderne Kunststoffe sind darüber hinaus auch dauerhaft lichtecht und gute Qualitäten behalten ihre zähe und schlagfeste Oberfläche viele Jahre lang, selbst wenn sie durch alljährliche Temperaturschwankungen großen Belastungen ausgesetzt werden.

Eigenschaften Durch thermische Verfahren lassen sich Kunststoffe in fast alle Formen biegen oder pressen, sodass man daraus außergewöhnliche Objekte herstellen kann wie den abgebildeten Wand-Pflanzenträger von Humko.

Oberflächen Kunststoff lässt sich in jedem beliebigen Farbton einfärben. Außerdem gelingt es heutzutage, durch Verwendung von Zuschlagstoffen wie Sand oder mineralisches Material, ein natürliches Finish zu erzeugen.

Witterungsbeständigkeit Zu guter Letzt sind Kunststoffe völlig wetterfest und müssen nicht gestrichen oder auf irgendeine sonstige Art und Weise gegen Feuchtigkeitseinwirkungen geschützt werden.

HOLZ [2.]

Vorteile Für Holz spricht vor allem, dass es sich um einen natürlichen und nachwachsenden Rohstoff handelt, der im unbehandelten Zustand vollkommen schadstofffrei ist.

Eigenschaften Besonders langlebig sind Harthölzer, die in den Tropen wachsen. Problematisch ist dabei, dass für die Gewinnung dieser Hölzer oft Raubbau an den dortigen Wäldern getrieben wird. Besser ist es, Hölzer aus Plantagen zu verwenden, welche zertifiziert sind, zum Beispiel durch das sogenannte FSC-Siegel.

Oberflächen Da sich Holz sehr gut manuell und maschinell bearbeiten lässt, sind Oberflächen von glatt bis rau möglich, auch Muster lassen sich einarbeiten. Dazu kommt die farbige Gestaltung durch Lacke und Lasuren.

Witterungsbeständigkeit Viele Holzarten sind unbehandelt nur bedingt wetterbeständig, vor allem weiche Holzarten wie Fichte oder Tanne haben ungeschützt nur eine sehr begrenzte Lebensdauer. Dauernde Feuchtigkeit führt sehr schnell zu Fäulnis. Eiche und Robinie gelten als langlebige Holzarten, die sich auch für den Außenbereich eignen.

GEO-TEXTIL [3.]

Vorteile Als Geo-Textilien werden gewebte und gewirkte textile Materialien bezeichnet, die langfristig verrotungsfest sind, auch wenn sie dauerhaft mit Wasser und feuchter Erde in Berührung kommen. Oft werden sie aus recyceltem Kunststoff gefertigt.

Eigenschaften Geo-Textil lässt sich sehr einfach und flexibel verarbeiten, man kann es in jede beliebige Form zuschneiden, es lässt sich nähen, aber auch mit Nieten oder Ösen an gleichen oder anderen Materialien befestigen. **Oberflächen** Je nach Verarbeitungsweise kann die Oberfläche eher glatt und glänzend oder auch fast natürlich moosartig erscheinen. **Witterungsbeständigkeit** Die Hersteller von Geo-Textilien haben entdeckt, dass dieses Material sich sehr gut für die Produktion von leichten, reißfesten Pflanztaschen eignet wie diese von Woolly Pocket.

CORTENSTAHL [4.]

Vorteile Stahl ist ein sehr schweres, tragfähiges und robustes Metall. Einen Nachteil hat Stahl allerdings, denn wenn er mit Feuchtigkeit in Berührung kommt, beginnt er zu korrodieren, was sich als Rost zu erkennen gibt. **Eigenschaften** Während gewöhnlicher Stahl durch einen Anstrich oder eine Lackierung dauerhaft gegen Feuchtigkeit geschützt wird, kann eine durchgehende Rostschicht die darunterliegenden Schichten auch gegen weitere Feuchtigkeitseinwirkungen schützen. **Oberfläche** Durch spezifische Verfahren ist es schon bei der Herstellung möglich, die Oberfläche von Stahl mit einer Rostschicht zu versehen. Solcher Stahl zeichnet sich durch eine interessante rotbraune Färbung aus und wird unter der Bezeichnung Cortenstahl (auch CORTEN-Stahl) verkauft. **Witterungsbeständigkeit** Mittlerweile wird dieses Material wegen seiner guten Witterungsbeständigkeit und interessanten Optik verstärkt im Garten- und Landschaftsbau verwendet.

ALUMINIUM [5.]

Vorteile Im Vergleich zu Stahl ist Aluminium ein sehr leichtes Metall. Deshalb lassen sich Konstruktionen aus Aluminium einfacher an Wänden befestigen als solche aus schwereren Materialien.

Eigenschaften Aluminium korrodiert wie die meisten anderen Metalle, allerdings äußert sich das einfach nur darin, dass die glänzende Oberfläche mit der Zeit stumpf wird. Auch ist es relativ weich und man kann es in die unterschiedlichsten Formen biegen. **Oberfläche** Meist werden glatte Bleche verarbeitet, aber durch diverse Gussverfahren kann man jede erdenkliche Oberflächenstruktur erhalten. **Witterungsbeständigkeit** Gitterelemente, hier die Optigrün-Systemlösung „Fassadengarten", werden für dauerhafte Wandbegrünung eingesetzt, weil sie praktisch unbegrenzt haltbar sind.

EDELSTAHL [6.]

Vorteile Edelstahl rostet nicht. Daher ist er besonders für die Herstellung von Gartenelementen für den Außenbereich geeignet. **Eigenschaften** Dieses Material ist hart und robust, aber auch recht schwer, sodass man ihn am besten für dauerhafte Bepflanzungen verwendet. **Oberfläche** Sie besitzt einen Glanz, der sich auch im Laufe der Jahre kaum verliert. Zudem ist Edelstahl sehr pflegeleicht. Durch einfaches Schleifen mit Polierpaste lässt sich der Glanz ganz einfach wiederherstellen. Der abgebildete Pflanzturm KUBI® der Designerin Sibylle Maag ist mit einem integrierten und durchlässigen Kompostschacht ausgestattet, der die Pflanzen automatisch düngt und so optimal versorgt. **Witterungsbeständigkeit** Weder Regen noch Frost können Edelstahl etwas anhaben und je feiner die Oberfläche poliert ist, desto weniger kann sich Kalk oder ähnliches darauf ablagern.

[4.]

[5.]

[6.]

↘ SO GEHT'S

[a] STARKE SONNENEINSTRAHLUNG Die Wand, an der diese Kletterpflanzen wachsen, kann sich im Sommer recht stark aufheizen. Darum sollten Sie auf Arten mit widerstandsfähigem Laub und guter Hitzetoleranz zurückgreifen.

[b] IM SCHATTEN An einer Nordwand fühlen sich viele Stauden wohl, die in schattigen Wäldern und Schluchten wachsen. Trotzdem lassen sich auch damit sehr schöne Farbwirkungen erzielen.

[c] ZUGIG Auch mit windigen Standorten kommen etliche Pflanzen gut zurecht. Vor allem solche aus den Küstenregionen können hier erfolgreich eingesetzt werden.

[d] WINTERFEST Gerade wenn der Standort auch noch windexponiert ist, müssen die verwendeten Pflanzen eine wirklich gute Winterhärte besitzen.

JEDER STANDORT IST ANDERS

Die richtigen Pflanzen auswählen

In der Vertikalen sind Pflanzen besonders exponiert und damit Klima-bedingungen und Wetterextremen wie Hitze, Schatten, Wind und Kälte unter Umständen noch mehr ausgesetzt als im Beet.

DIE LAGE IST ENTSCHEIDEND

Man kennt das von Berghängen: Liegen sie auf der Wetterseite, also Wind und Regen zugewandt, beherbergen sie eine andere Vegetation als solche, die an der geschützten, wetterabgewand-ten Seite liegen. Auch an einer begrünten Wand herrschen je nach Himmelsrichtung und Umgebung ganz unterschiedliche Bedingungen. Nach Süden gelegen, den überwiegenden Tag der direkten Sonne ausgesetzt, sollte die Bepflanzung in jedem Fall hitzetolerant sein. Vor allem massive Wände heizen sich in der Sonne stark auf, speichern die Wärme und geben sie danach über einen längeren Zeitraum wieder ab. In den kälteren Mona-ten ist dies sogar von Vorteil, im Hochsommer hingegen versetzt es die Pflanzen in Stress, weil sie dann über das Laub viel Was-ser verdunsten und entsprechend auch mehr verbrauchen [→ a]. An einer Nordseite hingegen ist es immer kühl, da, wenn über-haupt, nur in den frühen Morgen- und Abendstunden die Sonne hier scheint. Auch Feuchtigkeit hält sich hier länger. Durch die fehlende Sonneneinstrahlung ist es an Nordseiten logischerwei-se auch weniger hell. Nur Pflanzen, die an einen schattigen Standort angepasst sind, fühlen sich hier dauerhaft wohl. Achten Sie deshalb auch auf eine angepasste Wasserversorgung [→ b].

WIND UND WETTER

Während milder Regen in unseren Breiten meist mit Westwind daherkommt, wehen eisige Winde aus östlichen Richtungen, gerade im Winter. Eine nach Osten gelegene begrünte Wand ist also im Winter öfter harten Witterungsbedingungen ausgesetzt und sollte deshalb mit entsprechend harten und widerstands-fähigen Pflanzen bestückt werden. Besonders gefährdet sind Immergrüne, die unter diesen Bedingungen leicht austrocknen, vor allem bei Minustemperaturen. Wind setzt aber auch im Som-mer vielen Pflanzen zu. Große weiche Blätter sind besonders gefährdet, solche Pflanzen kommen besser an einen geschützten Standort [→ c und d].

WINTERHARTE IMMERGRÜNE STAUDEN

NAME	STANDORT	WUCHS
Felsen-Steinkraut (*Aurinia saxatilis*)	sonnig	polsterförmig, bis 30 cm, Blüte April bis Mai, gelb
Polster-Glockenblume (*Campanula poschrskyana*)	sonnig bis halb-schattig	polsterförmig kriechend, bis 30 cm, Blüte Juni bis September, lila
Storchschnabel (*Geranium × cantabrigiense*)	halbschattig bis lichtschattig	horstig mit kurzen Ausläufern, bis 30 cm, Blüte Mai bis Juni, rosa
Gelber Lerchensporn (*Pseudofumaria lutea*)	halbschattig bis schattig	polsterförmig, bis 30 cm, Blüte Mai bis September, gelb
Echter Gamander (*Teucrium chamaedris*)	sonnig	polsterförmig kriechend, 20 cm, Blüte Juli bis August, rosa
Golderdbeere (*Waldsteinia geoides*)	halbschattig bis schattig	polsterförmig, bis 20 cm, Blüte April bis Mai, gelb

STETER TROPFEN
Die Bewässerung

Da der Wurzelraum aller Pflanzen, die in Kästen, Kübeln und Töpfen wachsen, stets begrenzt ist, müssen diese unbedingt regelmäßig gegossen werden, damit ihre Wurzelballen nicht austrocknen.

REGELMÄSSIG IST WICHTIG

Viele der verwendeten Pflanzen stammen aus mehr oder weniger tropischen Gebieten, in denen es regelmäßig regnet. Das Laub dieser Pflanzen ist üppig und verdunstet dementsprechend viel Wasser über die Blattoberfläche. Dazu wachsen sie relativ schnell und bilden eine hohe Anzahl an Blüten. Das bedeutet, dass sie auch bei uns viel Durst haben und es umgehend übel nehmen, wenn sie auf dem Trockenen sitzen. Eine Ausnahme machen die Vertreter aus mediterranen Gebieten, darunter viele Kräuter, die Sie häufig an ihrem grau-grünen oder silbrigen Laub erkennen können. Diese Pflanzen kommen mit weit weniger Wasser aus und überstehen auch kurze Trockenperioden. Trotzdem sollten Sie auch bei ihnen die Wurzelballen nicht austrocknen lassen. Egal, wie viel oder wenig Wasser die Pflanzen generell benötigen, in jedem Pflanzgefäß ist ihr Wurzelraum mehr oder weniger begrenzt. Gerade Pflanztaschen, aber auch die Zwischenräume in einer Palette, bieten nur sehr wenig Raum für Substrat. Umso regelmäßiger müssen die Pflanzen versorgt werden.

Tägliches Gießen, bei sommerlicher Hitze auch morgens und abends, ist also absolute Pflicht, damit sich Ihre Pflanzen in Hochform präsentieren. Wenn die Oberfläche des Substrates bereits angetrocknet ist, ist es höchste Zeit. Gießen Sie großzügig, aber langsam, damit die Erde nicht heraus geschwemmt wird.

GUTES REGENWASSER

Optimal zum Gießen ist natürlich das weiche Regenwasser, zudem sparen Sie auch eine Menge an Wassergebühren, wenn Sie darauf zurückgreifen können. Oft genügt schon eine Regentonne, in der ein Teil des Wassers, das durch die Regenrinne läuft, aufgefangen wird. Eine Regentonne kann allerdings in der Regel nicht auf dem Balkon aufgestellt werden, weil auch kleine Tonnen mindestens 500 l Wasser fassen und sie damit eine zu schwere Last darstellen.

KURZFRISTIGER WASSERSPEICHER

Wer größere Mengen an Pflanzen zu versorgen hat, weiß wie viel Arbeit das tägliche Gießen bereitet, besonders wenn zahlreiche Gießkannen hin und her zu schleppen sind. Ein Wasserhahn an der Hauswand, an den ein Gartenschlauch mit Brause angeschlossen wird, erleichtert die Arbeit erheblich. Praktisch sind Kästen mit Wasserreservoir, die die Gießmenge für etwa zwei Tage speichern. So werden Ihre Pflanzen auch während einer kurzen Abwesenheit gut versorgt. Kästen mit Wasserreservoir haben in einer Ecke einen Einfüllstutzen für das Gießwasser, welches dann bedarfsweise zu den Wurzeln geleitet wird. An einem Schwimmer am Stutzen können Sie jederzeit ablesen, ob noch genügend Wasser im Reservoir ist.

GIESSTECHNIK ERLEICHTERT DIE ARBEIT

Gießen Sie Ihre Pflanzen am besten morgens und/oder abends und nicht in der prallen Mittagshitze. Das Wasser verdunstet sonst zum Teil schon während des Gießvorgangs.

AUTOMATISCHE BEWÄSSERUNG

Wer die Bequemlichkeit liebt, wird sich vielleicht für ein automatisches Bewässerungssystem begeistern. Die Möglichkeiten reichen dabei vom simplen Tropfschlauch bis zum computergesteuerten System. Der Tropfschlauch ist im Prinzip nichts anderes als ein perforierter Gartenschlauch, der zwischen die Pflanzen gelegt und an den Wasserhahn angeschlossen wird. Die Durchflussmenge wird durch das Öffnen des Wasserhahns reguliert. Die Länge des Schlauchstückes und die Anzahl der Tropflöcher im Pflanzbehälter bestimmen dabei die Wassermenge, die pro Stunde an die Pflanzen abgegeben wird. So werden die Pflanzen gleichmäßig und wassersparend bewässert. Neben den einfachen Tropfschläuchen gibt es auch Systeme, die über eine Zeitschaltuhr gesteuert werden und je nach Voreinstellung zu festgelegten Zeiten bewässern, außerdem solche mit Feuchtefühlern, die immer dann Wasser nachfließen lassen, wenn das Substrat in den Kästen auszutrocknen beginnt. Zum Thema Bewässerung werden ab Seite 116 einige Systeme näher vorgestellt.

ALLE BRAUCHEN WASSER Bei vertikalen Bepflanzungen wie in dieser Palette ist es wichtig, dass alle Pflanzen in allen Ebenen genügend Wasser erhalten. Bei kleineren Systemen kann es genügen, das Gießwasser nur in die oberste Ebene einzufüllen, von wo es sich dann durch Kapillarwirkung in die unteren Ebenen ausbreitet. In vielen Fällen, auch bei dieser Palettenbepflanzung, reicht dies aber nicht, sondern jede Ebene sollte einzeln zu bewässern sein. Hierzu eignet sich beispielsweise ein Tropfschlauch, der s-förmig durch alle Etagen geführt wird.

[a]

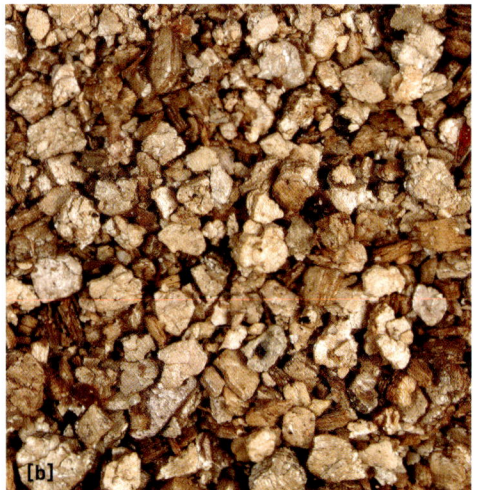

[b]

[c]

↘ SO GEHT'S

[a] **LAVA UND BIMS** sind Gesteine vulkanischen Ursprungs. Verwendet werden sie vor allem in Kakteensubstraten, Dachsubstraten oder als Zuschlagstoff für Gartenböden oder Pflanzerden. Durch ihre Eigenschaften wird die Wasser- und Nährstoffversorgung der Pflanzen sowie die Bodenbelüftung und Strukturstabilität der Böden verbessert. Quarzkies hingegen wird vor allem zur Abdeckung des Substrates verwendet.

[b] **VERMICULIT** ist ein Material mineralischen Ursprungs, welches neben der Gärtnerei noch in vielen anderen Bereichen Anwendung findet und sich besonders durch seine Fähigkeit auszeichnet, Feuchtigkeit extrem lange speichern zu können. Diese Eigenschaften machen Vermiculit zum Mittel der Wahl, wenn man ein Substrat mit hoher Feuchtigkeitsbindung und gleichzeitig lockerer Struktur benötigt.

[c] **BENTONIT** ist ein natürliches Tonmineral, das als Zuschlagstoff in Pflanzsubstraten die Nährstoffspeicherfähigkeit, das Quellvolumen und die Wasserspeicherfähigkeit verbessert.

DAS RICHTIGE SUBSTRAT

Die Mischung für gutes Wachstum

Für gutes Gedeihen benötigen Balkon- und Kübelpflanzen vor allem eins: Raum für die Wurzeln und die Möglichkeit, Wasser und Nährstoffe aufzunehmen. Daher ist auch das richtige Substrat so wichtig.

TEUER GLEICH GUT?

Bei den Substraten finden sich erhebliche Preisunterschiede. Warum ist das so und gibt es dafür überhaupt eine Rechtfertigung? Der Aufwand, permanent gleich hochwertige Substrate herzustellen, ist hoch und schlägt sich zwangsläufig auch im Preis nieder. Europäische Markenhersteller haben sich zur „Gütegemeinschaft Substrate für Pflanzenbau e. V." zusammengeschlossen. Nach der Definition der Gütekriterien durch einen Fachausschuss werden diese kontinuierlich überwacht. Die Mitglieder erklären sich bereit, regelmäßig Proben der Substrate untersuchen zu lassen, damit sie diese mit dem RAL-Gütesiegel versehen dürfen. Folgende Kriterien werden dabei überprüft:

- physikalische Eigenschaften wie Korngröße, zulässige Ausgangsstoffe (gütegesicherte organische, mineralische oder auch synthetische), Wasserkapazität
- chemische Eigenschaften wie pH-Wert, Anteile an löslichen Nährelementen und Spurenelementen
- biologische Eigenschaften wie Stickstoffstabilität, Besatz mit Unkrautsamen und ob auch keine wachstumshemmenden Stoffe enthalten sind

Die geforderten Eigenschaften und Grenzwerte können dabei natürlich je nach Einsatzzweck des Substrates unterschiedlich festgelegt werden. In jedem Fall kann der Kunde sicher sein, dass das Substrat für den deklarierten Einsatz gut geeignet und er damit vor unliebsamen Überraschungen sicher ist.

WASSERSPEICHERNDE SUBSTANZEN

Schön wäre es ja: Man gießt nur hin und wieder, dafür aber reichlich und durch wunderbare wasserspeichernde Substanzen wird die Feuchtigkeit immer in der richtigen Menge an die Pflanzen abgegeben. Nichts vernässt, keine Wurzeln faulen. Leider wird dieser Wunschtraum in nächster Zeit nicht in Erfüllung gehen. Versuche mit diversen Gelen, Kügelchen und sonstigen Mitteln haben nicht die gewünschten Ergebnisse gebracht. Gute Substrate haben aber natürlich immer eine gewisse Fähigkeit, Wasser zu speichern und gleichmäßig zu durchfeuchten. Durch Zuschlagstoffe wie etwa Bentonit [→ c], Gesteinsanteile [→ a] oder Vermiculit [→ b] bleibt das Substrat schön „luftig" und verschlammt nicht allmählich durch ausgiebiges Gießen.

GEHT ES AUCH OHNE TORF? In den meisten Substraten befinden sich mehr oder weniger Torfanteile, was im Hinblick auf den großräumigen Abbau von Torfvorkommen und die damit verbundene Zerstörung von Moorflächen problematisch ist. Vollwertige Ersatzstoffe sind inzwischen vorhanden und auch eingehenden Prüfverfahren unterzogen worden. Holzfasern aus Nadelholz können Torf ersetzen, durch eine Vorfermentierung wurde auch das Problem der erhöhten Stickstofffixierung gelöst. Ein Rezept für die Mischung einer torffreien Erde finden Sie auch auf S. 124.

LICHTANSPRÜCHE

der Pflanzen beachten

Die Lichtansprüche von Pflanzen sind sehr unterschiedlich. Auch in einer vertikalen Bepflanzung herrschen nicht überall die gleichen Lichtverhältnisse. Beides muss sich für ein optimales Ergebnis ergänzen.

SCHATTENLIEBENDE STAUDEN

NAME	STANDORT	WUCHS
Aufrechter Günsel (*Ajuga incisa*) 'Frosted Jade'	frisch und lehmig-humoser Boden	aufrecht wachsend ohne Ausläuferbildung, bis 40 cm; Blüte von April bis Mai
Europäische Haselwurz (*Asarum europaeum*)	kalkhaltiger, nährstoffreicher Lehm- oder Tonboden	niedrig, ausbreitend, bis 10 cm; Blattschmuck, Blüte unscheinbar
Breite Segge (*Cares plantagineum*)	locker, humoser, nährstoffreicher Boden	horstig bis ausbreitend, bis 10 cm; hellgrünes Laub, Blüte unauffällig
Elfenblume (*Epimedium pinnatum*)	extrem robust und trockenheitsverträglich, erste Wahl bei schwierigen Standorten	langsam durch Rhizome ausbreitend; bis 30 cm; Blüte April bis Mai in hellgelb
Grünes Purpurglöckchen (*Heuchera*-Hybride) 'Strawberry Swirl'	lichter Schatten, Reisigabdeckung schützt vor Wintersonne	horstig mit kurzen Ausläufern; bis 40 cm; Blüte von Juni bis August
Schaumblüte (*Tiarella wherryi*)	darf extrem trocken sein	hostig mit kurzen Ausläufern; bis 30 cm; Blüte Mai bis Juni in weiß
Gewöhnliches Hundsveilchen (*Viola canina* subsp. *canina*)	offene und lichte Standorte bevorzugt	polsterförmig, ausbreitend; bis 10 cm; Blüte April bis Mai in lila

SONNE VON OBEN

Diejenigen Pflanzen, die der Lichtquelle am nächsten sind, bekommen auch das meiste Licht ab. Im Haus ist dies der Platz direkt am Fenster oder unter einer hellen Beleuchtung. Schon ein paar Meter weiter sind die Bedingungen zumindest für die sonnen- beziehungsweise lichthungrigen unter ihnen deutlich schlechter. Im Garten, auf dem Balkon und der Terrasse sind es Gebäude und Gehölze, die einen entscheidenden Einfluss darauf haben, wie hell der jeweilige Standort ist und auch zu welcher Tageszeit wie viel Licht dorthin fällt. Schwierig sind Standorte, an denen das Lichtangebot im Laufe des Tages sehr stark wechselt. In von hohen Mauern eingefriedeten Innenhöfen kann sogar der recht ungünstige Fall eintreten, dass ein Standort lediglich in den Sommermonaten in den Mittagsstunden voll besonnt wird, ansonsten aber im Schatten liegt. Schattenpflanzen fühlen sich dort zwar prinzipiell wohl, werden durch die gleißende Mittagssonne in der wärmsten Jahreszeit unter Umständen aber sehr unter Stress gesetzt. Hier müsste man eventuell eine leichte Abschattung anbringen, etwa durch ein Schattiergewebe, das auch in vielen Gärtnereien verwendet wird, um empfindliche Jungpflanzen zu schützen.

Ohne Schatten werfende Bäume oder Gebäude sind Pflanzen an der vollen Südseite am stärksten und am längsten der Sonne ausgesetzt. Ein Problem kann es unter Um-

ständen auch darstellen, wenn die Lichtverhältnisse in den Wintermonaten sehr viel
unterschiedlicher sind als in den Sommermonaten. So kann es vorkommen, dass ein
Standort während der Vegetationsperiode
durch die Blätter eines großen Baumes im
Schatten liegt. Im Winter hingegen, wenn
der Baum ohne Laub dasteht, wird der
Standort stark von der Wintersonne beschienen. Auch hier kann ein Schattiergewebe Abhilfe schaffen.

UNTEN IST ES DUNKLER

In einer vertikalen Bepflanzung bekommen
die unteren Pflanzen tendenziell weniger
Licht ab als die in den oberen Bereichen.
Vor allem wenn die oberen Pflanzen sehr
üppig und ausladend gedeihen, können sie
schnell die Wirkung eines Schirmes bekommen, der das Licht filtert. Das kann man
nicht unbedingt nur als Nachteil sehen, denn
manche Pflanzen sind dankbar für einen
Standort, der nicht in der vollen Sonne liegt.
Vor allem im Hochsommer, wenn die Sonne
senkrecht von oben scheint, kommt die Ab-
schirmung zur Wirkung, während in den
eher lichtarmen Monaten die Sonne schrä-
ger scheint und die im unteren Bereich stehenden Pflanzen genügend Licht erhalten.
Bei der Bepflanzung einer vertikalen grünen
Wand gehen Sie also am besten so vor, dass
Sie die lichthungrigsten Arten in den oberen
Bereich platzieren, während Sie diejenigen,
die eher empfindlich auf starke Sonneneinstrahlung reagieren, in den unteren Bereich
pflanzen. Sonnenhungrige Pflanzen würden
im Wachstum nachlassen und verkümmern,
wenn sie durch die größeren, oben wachsenden Pflanzen zu wenig Licht abbekämen.
Abgesehen davon kommen je nachdem, nach
welcher Himmelsrichtung die Bepflanzung
gerichtet ist, unterschiedliche Pflanzen zum
Einsatz (s. auch S. 36).

[a]

[b]

↘ SO GEHT'S

[a] EINFACHE BEFESTIGUNG Wer kein Perfektionist ist, kann die Töpfe einfach mit Draht am Rankgitter anbringen.

[b] SUBSTRAT EINFÜLLEN Leere Töpfe lassen sich einfacher anbringen, daher werden sie erst anschließend mit Erde befüllt.

[c] EINPFLANZEN In das Substrat kommen die vorgesehenen Pflanzen samt Topfballen. Vergessen Sie nicht das gründliche Angießen.

[d] BLÜHENDE WAND Am Gitter lassen sich so viel Töpfe befestigen, wie Platz ist. Achten Sie aber darauf, dass Sie die Last möglichst gleichmäßig verteilen.

[c]

[d]

DIE KLEINE LÖSUNG

Individuelles bei wenig Platz

Nicht jeder möchte gleich ein komplettes System an der Wand installieren. Als Alternative kommen auch einfache, eventuell sogar temporäre Lösungen infrage, die dazu noch preiswert sind.

DAS GRUNDPRINZIP

Vielleicht befindet sich an einer Wand bereits ein Rankgitter, das aber momentan keiner Kletterpflanze die nötige Hilfestellung gibt? Ein solches Gitter lässt sich hervorragend nutzen, um daran Töpfe zu befestigen, in denen Blumen oder Kräuter wachsen dürfen. Wichtig ist allerdings, dass das Gitter eine gewisse Stabilität besitzt, um mehrere Töpfe samt Pflanzen zu halten. Machen Sie am besten vor der Bepflanzung eine vorsichtige Rüttelprobe, um die Stabilität zu testen.

TÖPFE BEFESTIGEN

Die meisten Töpfe, sofern sie nicht speziell für die Anbringung an einem Geländer oder einer Reling gedacht sind, lassen sich nicht so einfach an einem Rankgitter anbringen. Wenn die Lösung keine dauerhafte sein soll, genügt aber oft schon ein stabiler Draht zur Befestigung [→ a]. Eventuell können Sie auch mit Metallhaken arbeiten, die sonst in der Küche verwendet werden, um Kochutensilien an eine Reling zu hängen.

BEPFLANZEN

Hängen Sie die Töpfe an ihre vorgesehenen Positionen und füllen Sie das Substrat ein [→ b]. Für Sommerblumen eignet sich am besten eine vorgedüngte Erde in guter Qualität, für Kräuter würden Sie die Erde mit Sand und eventuell Lava oder Blähton abmagern. Als Drainage geben Sie einige Kiesel oder Tonscherben zuunterst in die Töpfe. Optimal ist ein Abflussloch im Boden, aus dem überschüssiges Gießwasser auslaufen kann.
Anschließend setzen Sie die Pflanzen in die Töpfe [→ c] und gießen sie gründlich an. Für die Bepflanzung eignen sich fast alle klassischen Balkonblumen, vor allem solche, die einen buschigen oder überhängenden Wuchs besitzen. Sehr dekorativ wirkt auch eine Sammlung von verschiedenen Sorten der gleichen Art in unterschiedlichen Farbtönen [→ d], die gut miteinander harmonieren.

PFLEGELEICHTES FÜR SONNIGE STANDORTE

NAME	WUCHS	BESONDERHEITEN
Polstergarbe (*Achillea tomentosa* 'Aurea')	polsterförmig bis kriechend; bis 20 cm hoch; gelb blühend im Juni bis Juli	zierlich gefiedertes graues Laub; sehr trockenheitsverträglich
Mittagsblume (*Delosperma lineare*)	polsterbildend; bis 10 cm hoch; gelb blühend von Juli bis August	sukkulentes Laub; sehr trockenheitsverträglich; benötigt etwas Winterschutz
Silberwurz (*Dryas suendermanii*)	polsterförmig bis ausbreitend; bis 20 cm hoch; weiß blühend im Mai/Juni	fedrige Samenstände im Herbst; ledriges Laub; sehr trockenheitsverträglich
Walzen-Wolfsmilch (*Euphorbia myrsinites*)	polsterförmig bis niederliegend, bis 30 cm hoch, gelb blühend von Mai bis Juni	blaues Laub, immergrün; die auffallenden gelben Blüten sind eigentlich Hochblätter
Sonnenröschen (*Helianthemum-Hybriden*)	polsterförmig; bis 25 cm hoch; je nach Sorte in unterschiedlichen Farben blühend von Mai bis Juli	graulaubig; sehr trockenheitsverträglich; zierlich
Bunte Fetthenne (*Sedum kamtschaticum* 'Variegatum')	polsterförmig bis kriechend; bis 20 cm hoch; gelb blühend von Juni bis August	sehr trockenheitsverträglich
Leimkraut (*Silene maritima*)	polsterförmig; bis 15 cm hoch; weiß blühend von Juni bis August	sehr trockenheitsverträglich; aparte Blütenform mit auffallenden Blütenkelchen

WELCHE SYSTEME GIBT ES?

Auswahl und Funktion

Grüne und blühende Wände lassen sich auf ganz unterschiedliche Weise gestalten. Am einfachsten ist es, auf die Systemlösungen der Hersteller zurückzugreifen, bei denen mehrere Pflanzbehälter bereits in einen Rahmen integriert, beziehungsweise zu einem Wandelement kombiniert, sind. Auch Bewässerungssysteme sind häufig schon dabei.

[a]

[b]

[c]

↘ SO
GEHT'S

[a] WANDMODUL Bei dem unbepflanzten Modul Vertiss Compact von Novintiss erkennt man das leichte, aufgeschäumte Material recht gut.

[b] METALLSCHIENEN FIXIEREN Befestigt wird das System mithilfe von Metallschienen. Das Substrat wird über die Pflanztaschen eingefüllt. Die Bewässerung erfolgt von oben, das Wasser erreicht dabei die Pflanztaschen in allen Ebenen.

[c] GESTALTUNGSIDEE Das System kann auch für grüne Indoor-Wände verwendet werden. Hier ist eine Kombination mit einem Wasserfall zu sehen, der sich mit der automatischen Bewässerung verbinden lässt.

DIE BEGRÜNTE WAND

Vertiss Compact

Dieses Wandbegrünungssystem bietet sich für vertikale Flächen an, die auf originelle und dekorative Weise mit Zierpflanzen, Gemüsesorten und Kräutern verschönert werden sollen.

DAS PRINZIP

Vertiss Compact ist ein Pflanzsystem, mit dem man Wände stilgerecht senkrecht bepflanzen kann. Es besteht aus einzelnen Standard-Modulen für jeweils drei Pflanzen, die nach Wunsch zusammengesetzt werden können [→ a]. Nicht nur der Aufbau auch die Pflege ist einfach. Das Bepflanzen beziehungsweise das Austauschen von Pflanzen ist unkompliziert. Der Neigungswinkel der einzelnen Pflanzzellen sorgt dafür, dass die Pflanzen auf allen Ebenen genügend Licht erhalten. Zu dem System wird ein speziell abgestimmtes Pflanzsubstrat mitgeliefert, das den täglichen Pflegeaufwand der Wandbegrünung erheblich reduziert. Das Substrat besitzt eine Struktur, die speziell für die Wandbegrünung entwickelt wurde und so das Nachsacken in der Vertikalen reduziert und langfristig gute Wasser- und Düngeraufnahmeeigenschaften behält. Es besteht außerdem die Möglichkeit, bei größeren Wandbepflanzungen ein automatisiertes Bewässerungssystem mit Düngungsoption zu integrieren.

DIE MONTAGE

Mit dem einfachen Schienensystem können die einzelnen Module an der Wand befestigt werden [→ b], sodass sich eine große Fläche der Fassade mit Pflanzen bedecken lässt. Das Material ist recyclebar. Es handelt sich dabei um Schaum-Polypropylen, das sehr leicht, dabei aber ausreichend tragfähig ist. Außerdem hat es eine gute Dämmwirkung, wodurch die Wurzelballen der Pflanzen nicht so leicht erwärmen und austrocknen können. Zugleich besitzt es auch sehr gute Schallschutzeigenschaften.

EIN MODUL BEPFLANZEN

Bohren Sie zunächst in den Boden des Modules ein Loch mit 1 cm Durchmesser, damit überschüssiges Gießwasser abfließen kann und keine Staunässe entsteht. Mischen und durchfeuchten Sie das Pflanzsubstrat gut. Dann geben Sie es in die unterste Pflanztasche und setzen die Pflanze an ihren neuen Platz. Der Wurzelhals der Pflanze sollte 1 bis 2 cm vom Rand entfernt sein. Weiter befüllt und bepflanzt wird immer von unten nach oben.

FÜR DEN EINSATZ IM HAUS Hier sollten Sie auf eine integrierte Bewässerung mit einer Wasserauffangschale zurückgreifen, damit nichts auf den Fußboden tropft. Achten Sie bei einer Innenbegrünung auch immer darauf, eine Luftspalte zwischen Modul und Wand zu lassen. Ein komplettes Bewässerungssystem mit integrierter Düngerzuführung gibt es vom Hersteller. Sie können zusätzlich einen Zimmerbrunnen (hier zum Beispiel als Mini-Wasserfall) in das Bewässerungssystem integrieren [→ c].

SCHÖNE WANDBEGRÜNUNGEN

antike Pflanzenpracht

Vertikale Gärten gibt es nicht erst seit heute. Schon vor über 2000 Jahren legte man in Babylonien hängende Gärten an. Das ursprüngliche Prinzip hat seitdem nichts von seiner Faszination verloren.

ATTRAKTIVE PFLANZEN FÜR DIE OUTDOOR-BEGRÜNUNG

NAME / GRUPPE	HABITUS	BESONDERHEITEN
Segge (*Carex oshimensis*) / Gräser	buschig, bogig überhängend	immergrün; panaschierte Sorten erhältlich
Kriech-Mispel (*Cotoneaster procumbens*) / Gehölz	kriechend, niederliegend, kleinblättrig	immergrün; im Herbst dekorative rote Beeren; sehr robust
Kriech-Spindel (*Euonymus fortunei*) / Gehölz	kletternd, auch hängend	immergrün; panaschierte Sorten erhältlich
Purpurglöckchen (*Heuchera*-Hybriden) / Staude	horstig, buschig	immergrün; ausdrucksvolles Laub in vielen Farben
Bergenie (*Bergenia cordifolia*) / Staude	horstig bis mäßig kriechend	immergrün; große glänzende Blätter, leuchtende Herbstfärbung; frühe Blüte
Glockenblume (*Campanula poscharskyana*) / Staude	niederliegend, ausgebreitet, teils rankend	hübsche Glockenblüten

DSCHUNGELFEELING

Beim Anblick solch einer üppig begrünten Wand wähnen sich viele Betrachter bestimmt im tropischen Regenwald. Das hängt sicher damit zusammen, dass es dort so viele Epiphyten gibt, die alle Etagen der Bäume besiedeln und für grüne blickdichte Wände sorgen. Die meisten bekannten Wandbegrünungen sind Mosaike in allen erdenklichen Grüntönen, mit Pflanzen, die den Tropenwäldern entstammen. Gerade im Indoor-Bereich verwendet man üppige großblättrige Arten, die nicht nur dekorativ aussehen, sondern auch die Luftfeuchtigkeit erhöhen und für ein gesundes Raumklima sorgen, vor allem in den Wintermonaten, wenn die Luft durch die Heizungen sehr trocken ist. Gerade bei großen Anpflanzungen macht sich auch die Verbesserung der Akustik bemerkbar – vorhandener Hall oder Störgeräusche werden minimiert. Daneben reichern die Pflanzen die Luft mit Sauerstoff an und filtern sogar Schadstoffe und Feinstaub heraus. Neben diesen eher praktischen Vorteilen ist die wohltuende Wirkung der Pflanzen nicht zu unterschätzen. Ihr Grün entspannt den Blick und beruhigt das Gemüt.

Dabei kommen etliche alte Bekannte unter den Indoor-Blattschmuckpflanzen, die in den letzten Jahren stark in Vergessenheit geraten sind, da sie als zu altmodisch galten, zu ganz neuen Ehren.

GRÜNE GARTENWÄNDE

Nicht nur im Haus, sondern auch im Außenbereich haben begrünte Wände eine wohltuende Wirkung. Wer blickt schon gerne auf
graue Betonmauern oder hässliche Hauswände? Doch gerade in der Stadt sind die
direkte Umgebung und die Grenze zum
Nachbarn oft unattraktiv. Kahle Wände fordern geradezu dazu auf, sie zu bepflanzen.
Allein der schöne Anblick einer begrünten
Wand lässt den eigenen Garten und die Terrasse zum grünen und gern genutzten Wohnzimmer werden. Und außerdem macht sich
auch im Freien die schallabsorbierende
Wirkung einer Pflanzenwand bemerkbar.
Statt den Schall zu reflektieren, absorbiert
die Wand nun den größten Teil der Geräu-
sche. Denn auch wenn Sie sich gut mit Ihren
Nachbarn verstehen und Kinder mögen: Im
eigenen Garten möchte man es am liebsten
ruhig und entspannt haben.
Übrigens können Sie auch draußen Tropen-
feeling erzeugen: Mit Farnen, Gräsern und
Blattschmuckpflanzen verwandelt sich jede
schlichte Wand ganz schnell in eine „grüne
Oase", die zum großen Teil sogar im Winter
ihre Farbe behält.

GRASGRÜN

Viele Gräser, vor allem die zur Gruppe der
Sauergräser gehörenden Seggen (Carex),
eigen sich hervorragend zur Bepflanzung.
Seggen sind zudem immergrün. Dabei gibt
es panaschierte Sorten, die zusätzlich für
lebhafte Effekte sorgen. Außerdem sind Seggen ausgesprochen robust und langlebig.
Wer eine zum Standort passende Art gewählt
hat, muss sich um die Pflege keine größeren
Gedanken machen. Zahlreiche Arten und
Sorten gedeihen selbst im tiefsten Schatten
noch gut. Die Immergrünen sollten im Winter
nur in frostfreien Zeiten gegossen werden.

DAS SYSTEM MINIGARDEN®

Schritt für Schritt

Minigarden® ist ein modular aufgebautes, System, das bis zu einer Höhe von etwa 1,5 Metern freistehend aufgestellt werden kann. Höhere Aufbauten werden in einem Gestell an der Wand befestigt.

EINFACHES SYSTEM

Jedes Modul des Minigarden®-Systems enthält lediglich vier leicht montierbare Teile:
• einen Deckel
• einen Pflanzencontainer mit drei Vertiefungen
• eine Bodenwanne
• Verbindungsclips

Die Elemente werden aus qualitativ hochwertigem Polypropylen-Copolymer hergestellt, das ein Zusatzmittel enthält, welches das Material vor ultravioletten Strahlen schützt und auch auf lange Sicht outdoor-tauglich macht. Der Hersteller gibt sogar eine zehnjährige Garantie darauf. Das System ist voll recycelbar und in fünf Farben erhältlich. Optional können Sie eine Tröpfchenbewässerung dazukaufen, die vor allem für größere und höhere Systeme sinnvoll ist [→ a].

Zum Lieferumfang gehören auch ein eigenes Substrat und Blähtonkügelchen, die zuunterst in die Pflanzbehälter geschüttet werden [→ b]. Jedes Pflanzelement ist 64 cm breit und 19 cm hoch. Es beinhaltet drei Ausbuchtungen, aus denen die Pflanzen herauswachsen können.

BEPFLANZEN UND ZUSAMMENSETZEN

Zunächst wird also jedes Element mit Blähton und Substrat aufgefüllt. Anschließend werden die Pflanzen eingesetzt, jeweils drei pro Element [→ c]. Mehrere Elemente werden je nach vorhandenem Platz nebeneinander aufgestellt und mit je einem Clip aneinanderbefestigt. Falls Sie eine Tropfbewässerung integrieren wollen, führen Sie den Tropfschlauch durch die Verbindungsclips [→ d]. Stellen Sie eine Bodenwanne unter jedes Element. Nun können Sie die Elemente übereinander aufstellen, sie werden durch ihre Form sicher gehalten. Gehen Sie dabei etagenweise vor: Blähton und Substrat einfüllen, Pflanzen einsetzen, die Pflanzcontainer jeweils mit den Clips untereinander verbinden und den Tropfschlauch hindurchführen. Dann kommt die nächste Ebene an die Reihe. Bei einem höheren Aufbau können Sie einzelne Elemente mit den Rückwänden mittels Dübeln und Schrauben an einer Wand befestigen [→ e]. Zum Schluss setzen Sie die Deckelemente obenauf.

Später ist es natürlich möglich, Pflanzen zu ersetzen, ohne den Aufbau wieder auseinanderzunehmen. In den Ausbuchtungen der Pflanzelemente ist genügend Platz, um dort mit einer Pflanzschaufel zu hantieren.

[a]

[b]

[c]

[d]

↘ SO GEHT'S

[a] ZUTATEN Die Elemente samt Zubehör gibt es als Fertigpackungen. Dazu kommen Substrat und optional die Bewässerung. Pflanzen wählen Sie nach Ihrem Geschmack aus.

[b] SUBSTRAT Jedes Element wird zunächst mit Blähton und anschließend mit Erde aufgefüllt.

[c] BEPFLANZUNG Anschließend kommen die Pflanzen in die Elemente.

[d] VERBINDUNG Falls eine Tropfbewässerung integriert werden soll, wird sie in jeder Etage durch die Verbindungsclips geführt.

[e] FERTIGE WAND Schon bald wachsen leckere Kräuter und Früchte und können beerntet werden.

[e]

[a]

[b]

↘ SO GEHT'S

[c]

[d]

[a] WOOLLY POCKET ‚WALLY ONE' Die einzelnen Pflanztaschen dieses Systems können nach Belieben aneinandergereiht werden. Hier zum Beispiel als Türschmuck und als Fensterkasten.

[b] VERTI-PLANT® ist ein textiles Pflanztaschensystem für die direkte Befestigung an der Wand. Die Läufer bestehen aus drei Pflanztaschen mit Platz für jeweils zwei Pflanzen.

[c] „BLÜHENDE WAND" VON PLANTO Der Taschengarten aus extra robustem PP-Gewebe wird an den integrierten Schlaufen aufgehängt. Einfach die Taschen mit Erde füllen und bepflanzen. Ablauflöcher sorgen dafür, dass keine Staunässe entsteht.

[d] VEGTRUG 'LIVING WALL' Die Taschen aus speziellem Vlies-Filz sind besonders robust und UV-stabil. Sie können sie mithilfe von Haken nach Belieben miteinander verbinden.

PFLANZTASCHEN

Vielfältige Auswahl

Pflanztaschen sind die einfacheren Varianten der Wandbegrünungssysteme. Meist sind sie aus witterungsbeständigem Bändchengewebe, festem Filz oder Vlies und ultraleicht zu montieren.

WOOLLY POCKET 'WALLY ONE'

Dabei handelt es sich um ein Wandgartensystem aus den USA. Ein wasserfestes Textilgewebe in modischen Farben wie Schwarz, Schokoladenbraun, Kamelhaarbeige oder Pfauenblau wird einfach an der Wand befestigt [→ a].

Das System gibt es in verschiedenen Breiten für die Wand (ein bis drei Taschen nebeneinander) und in den Varianten Indoor und Outdoor. Die Variante für den Außenbereich hat einen höheren UV-Schutz und man kann sie auch an das Balkongeländer hängen. Ganz neu gibt es noch eine kleine 'Mini Wally' für ganz wenig Platz.

VERTI-PLANT® VON BURGON & BALL

Mit den Verti-Plant®-Pflanztaschen verwandeln sich leere Wände in einen nützlichen Garten. Jeweils drei Pflanztaschen sind übereinander an der Rückwand angebracht, das Gesamtmaß beträgt 51 × 30 cm [→ b]. Die zwei oberen Taschen haben Löcher, die das Gießwasser an die unteren Wandpflanztaschen abgeben, sodass nur von ganz oben gegossen werden muss. Verti-Plant® eignet sich für Kräuter, Salate, Blumen und Grünpflanzen. Sie können die Pflanztaschen mit Schrauben oder Nägeln einzeln an den sechs nietenverstärkten Ösen an der Wand befestigen oder mithilfe von Haken mehrere Taschen ineinander hängen. Sie sind ausschließlich für den Außenbereich geeignet, da sie nicht vollkommen wasserdicht sind.

BLÜHENDE WAND VON PLANTO

Der Taschengarten, bei dem neun Pflanztaschen an der Rückwand befestigt sind, wird einfach an seinen stabilen Schlaufen aufgehängt, die Taschen mit Erde und Sämereien gefüllt oder bepflanzt [→ c]. Wer es noch bequemer haben möchte, steckt einfach fertig bepflanzte Töpfe in die Taschen. Die Ablauflöcher sorgen dafür, dass keine Staunässe entsteht. Das Material ist extra robustes, laminiertes PP-Gewebe, die Maße betragen 65 × 70 cm.

'LIVING WALL' VON VEGTRUG

Bei dieser Variante erhalten Sie einzelne Pflanztaschen, die aber mittels Ringösen und Haken miteinander verbunden und übereinander aufgehängt werden können [→ d]. Verkauft werden sie im Dreierset inklusive Zubehör. Die Pflanztaschen sind innen laminiert und halten so besser die Feuchtigkeit, das Material selbst ist UV-stabiles PP-Gewebe.

KRÄUTER FÜR PFLANZTASCHEN

NAME	WINTERHART?	VERWENDUNG
Basilikum	nein	ganze oder klein geschnittene Blätter; unentbehrlich in der italienischen Küche
Salbei	ja	ganze Blätter als Würze zu Fleischgerichten
Rucola	ja/einjährig	zusätzliche Würze in Salaten, auf Pizzen und Gratins
Borretsch	einjährig	klassisches Würzkraut zu Bohnen und Kartoffeln; essbare Blüten
Stevia	nein	aromatisches Würzkraut zum Süßen, sehr intensiv im Geschmack; Zuckerersatz

DEN BOGEN RAUS

hat das Woolly Pocket-System

Das hier gezeigte geniale Pflanztaschen-System kommt aus den USA und verbindet ein ansprechendes, weich abgerundetes Design mit durchdachten Details und einer einfachen Handhabung.

EINZELELEMENTE IN REIHE

Wie die bereits vorgestellten anderen Wandsysteme ist auch der 'Living Wall' Planter von Woolly Pocket modular aufgebaut. Die Module bestehen aus einzelnen Pflanzbehältern, die mittels Schrauben an einer Wand befestigt werden. Hierbei wird allerdings jeder Pflanzbehälter auch wirklich einzeln angebracht, sie werden nicht miteinander verbunden. Natürlich können bei entsprechendem Platz beliebig viele der Pflanztaschen übereinander und nebeneinander befestigt werden, sodass der Eindruck einer zusammenhängenden Wand entsteht. Die einzelnen Elemente sind etwa 45 cm breit und 33 cm hoch. Sie sind halbrund ausgeformt und kommen an der ausladendsten Stelle in der Mitte auf eine Tiefe von 20 cm. In eine Pflanztasche können Sie also durchaus mehr als eine Pflanze setzen, wenn Sie von den Maßen der gängigen Kräuter oder Balkonblumen ausgehen. Die Kombination aus hängenden und aufrechten Pflanzen sorgt dabei für eine optisch ansprechende Fülle.

INTEGRIERTER WASSERSPEICHER

Eine Besonderheit des Systems ist, dass in den einzelnen Pflanzbehältern jeweils ein Wasserreservoir eingebaut ist, das die Pflanzen durchaus einige Tage mit dem nötigen Nass versorgen kann. Durch den perforierten Zwischenboden ziehen sich die Wurzeln das benötigte Wasser nach oben.

Die Rückwand ist im oberen Bereich doppelt gearbeitet, durch ein größeres Loch in der Front können Sie bequem mit der Gießkanne wässern. Das Gießwasser fließt langsam an der Rückwand entlang in das Wasserreservoir nach unten.

WURZELBELÜFTUNG

Die Oberfläche der Pflanzenbehälter ist fein gefaltet und erinnert vom Aussehen ein wenig an die Papierhüllen von Cupcakes. Dort sind ganz schmale und unauffällige Schlitze eingearbeitet, die für eine Belüftung der Wurzeln sorgen und durch die auch ein Zuviel an Gießwasser leicht ablaufen kann. Die Elemente sind natürlich nicht aus Papier, sondern aus recyceltem Kunststoff, genauer gesagt aus Polypropylen, das sich wiederum recyceln lässt.

OPTIONALE TROPFBEWÄSSERUNG

Sollen die Woolly Pocket-Elemente eine größere Wandfläche abdecken, ist die Integration einer automatischen Bewässerung sicher sinnvoll. Der Hersteller bietet ein abgestimmtes Bewässerungssystem an, das un-

WAND-INSTALLATION Statt mit Schrauben können Sie die 'Living Wall' Planter auch mit großen L-Haken befestigen. Auf diese Weise lassen sie sich einfacher an- und abhängen.

auffällig hinter der verdoppelten Rückwand verlegt und mit Clips in Position gehalten werden kann. Aus diesem Grund sind die Elemente auch seitlich mit kleinen Löchern versehen. Dort werden die feinen Bewässerungsschläuche hindurchgeführt und miteinander verbunden. An einer Seite des gesamten Aufbaus werden die Schläuche zusammengeführt und mit der Zuführung zum Wasserhahn verbunden. Die Bewässerungszeiten und -intervalle können an einem zwischengeschalteten Bewässerungscomputer eingestellt werden.

GESTALTUNGSMÖGLICHKEITEN

Dadurch, dass die Pflanzelemente alle einzeln befestigt werden, haben Sie die Möglichkeit, Ihre Wand ganz individuell mit beliebig vielen Elementen neben- und übereinander zu gestalten. Sie können sich dabei auf eine Farbe beschränken oder verschiedenfarbige Elemente miteinander kombinieren (aktuell gibt es sie in Gelb, Grün und Weiß). Je nachdem, wie dicht Sie die Elemente aneinanderhängen, entsteht eine eher lockere oder dichtere Wandbegrünung. Auch für den Innenbereich eignet sich das System, etwa für Kräuter in der Küche oder um Farne im Badezimmer zu kultivieren, die sich dort aufgrund der oft erhöhten Luftfeuchtigkeit besonders wohlfühlen. Und auch für eindrucksvolle Indoor-Wände eignet sich das System. Hier ist dann allerdings eine automatische Tropfbewässerung obligatorisch.

EIN ESSBARER WANDGARTEN Oben kann man erkennen, wie die ´Living Wall´ Planter an der Wand befestigt werden: Zunächst wird der rückwärtige Wassertank an die Wand geschraubt. Danach können Sie die bepflanzten Behälter von unten darin einhängen. Ein Deckel, der von oben aufgeschoben wird, verdeckt die Schrauben.

PALETTENGARTEN BAUEN

Schritt für Schritt

Der Vintage-Style erobert Garten, Balkon und Terrasse. Dazu gehören neben Möbeln aus alten Teakplanken oder gebrauchten Schalbrettern auch ausrangierte Paletten, die sich gut für grüne Wände eignen.

VORBEREITUNG

Paletten gibt es in unterschiedlichen Größen. Am gebräuchlichsten sind die sogenannten Europaletten mit den Maßen 120 × 80 × 14,4 cm (l × b × h). An ihrer Unterseite befinden sich drei Bretter, hinter denen genügend Platz ist, um dort Pflanzen mitsamt Erdballen einzusetzen. Allerdings müssen Sie zunächst eine Seite verschließen, damit die Erde nicht herausrieselt [→ a]. Legen Sie also im ersten Schritt fest, wie herum Sie die Palette aufstellen oder -hängen wollen. Für die Böden benötigen Sie drei Bretter von entsprechender Länge und Breite. Schrauben Sie diese jeweils an den Abstandshalter-Klötzen mit mehreren Schrauben fest.

FÄCHER MIT FOLIE AUSKLEIDEN

Damit das Holz der Paletten nicht der ständigen Feuchtigkeit durch die Erde ausgesetzt wird, ist es zweckmäßig, die entstandene Rinne, die nun bepflanzt werden soll, mit einem wasserdichten Material auszukleiden [→ b]. Dazu eignet sich beispielsweise Teichfolie, die Sie vom Meter kaufen und entsprechend zurechtschneiden können. Eventuell ist es sinnvoll, sowohl die angeschraubten Bretter als auch die Folie mit Löchern zu versehen, damit überschüssiges Gießwasser abfließen kann. Alternativ könnten Sie auch eine wasserspeichernde Matte einlegen, die das überschüssige Wasser dann nach und nach abgibt.

SO WIRD DIE PALETTE BEPFLANZT

In die Fächer wird zunächst das Substrat eingefüllt. Je nach Bepflanzungsart verwenden Sie unterschiedliche Substrate (s. auch S. 124). Die meisten Kräuter bevorzugen eine eher magere Erde mit etwas Sandanteil, während fast alle Gemüsearten mehr Futter benötigen und für eine gut gedüngte, Kali betonte Pflanzerde dankbar sind. Diese gibt es fertig zu kaufen, Sie können sie aber auch selbst mischen. Da die Pflanzfächer relativ klein sind, werden sie am besten mit Kräutern oder schwachwüchsigen Gemüsesorten bepflanzt.

BALD IST ERNTEZEIT

Nachdem die Bepflanzung fertig ist, können Sie die Palette an einen sonnigen Platz stellen. Damit sie nicht umfallen kann, lehnen Sie sie an eine Wand oder einen anderen geeigneten Hintergrund und sichern sie an der oberen Kante mittels Haken und Ösen oder einer ähnlichen Vorrichtung. Natürlich können Sie die Palette auch an eine Wand hängen [→ c]. Allerdings müssen Sie bedenken, dass eine Europalette alleine schon 24 Kilogramm wiegt, mit Erde und Bepflanzung also eher 30 Kilogramm. Entsprechend groß und stabil müssen die Haken und Dübel sein. Verzinkte L-Haken aus Stahl eignen sich hierfür besonders gut. Bei guter Versorgung mit Wasser und Dünger wachsen die eingesetzten Pflanzen rasch heran und verdecken den größten Teil der Palette [→ d].

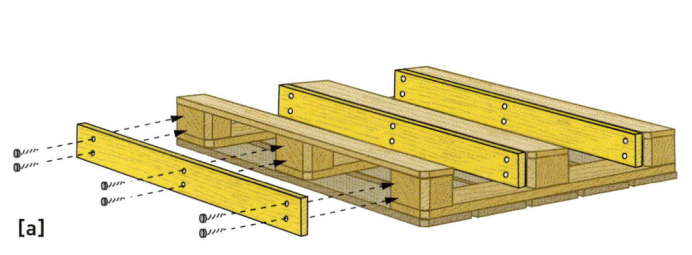

[a]

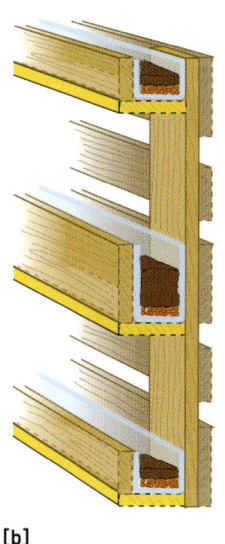

[b]

[c]

[d]

↘ SO
GEHT'S

....

[a] PFLANZFÄCHER ERSTELLEN Dazu werden
Bretter unter die Hohlräume geschraubt. Bei
einer Europalette entstehen so drei lange Rinnen, in denen etliche Pflanzen Platz finden.

[b] WASSERDICHTE FOLIE Sie sollte unbedingt
unten eingelegt werden, da das eingefüllte
Substrat sonst ständig Feuchtigkeit an das Holz
abgibt.

[c] BEPFLANZUNG Wenn alle Ebenen der Palette bepflanzt sind, kann man sie entweder an
einer Wand aufhängen oder aufrecht hinstellen.

[d] AUF ANSPRÜCHE ACHTEN Sie können ganz
unterschiedliche Gemüse- und Kräuterarten
kultivieren. Pflanzen Sie immer solche mit den
gleichen Ansprüchen zusammen in eine Ebene.

PALETTEN-MANIA

Die neuen Hochbeete

Wenn man Texte über urbanes Gärtnern liest oder in Fernsehsendungen Berichte über Garteninitiativen in den Städten sieht, trifft man immer wieder auf Paletten. So simpel wie genial!

VON DER INDUSTRIE IN DEN GARTEN

Offensichtlich sind Paletten die neuen Allround-Hochbeete, denn sie begegnen einem immer wieder in unterschiedlichen Variationen. Nicht nur als klassischer Untersatz für Kisten, Körbe, Jutesäcke und was sonst noch alles verwendet wird, um darin Gemüse aller Art anzubauen, sondern auch in bearbeiteter Form als eigenständiger Träger für verschiedenste Anpflanzungen. Inzwischen hat man die schlichten Holzgestelle sogar für den Möbelbau entdeckt. Dafür, dass Paletten bis vor ein paar Jahren lediglich als zwar nicht schöner, aber praktischer und für den Gabelstapler tauglichen Gegenstand zum Transportieren und Abstellen schwerer Objekte genutzt wurden, haben sie eine erstaunliche Karriere hingelegt. Inzwischen hat man sich sogar an ihren optisch rauen Charme gewöhnt. Und Selbermachen liegt sowieso im Trend. Unvollkommenheit ist kein Makel mehr, sondern ein Statement. Recycelten Materialien darf man ihr Vorleben ansehen.

BAUANLEITUNGEN

Wer sich näher mit dem Umbau von Paletten beschäftigt, findet im Internet fantastische Ideen mitsamt Bauanleitungen. Denn offensichtlich fordern Paletten zu besonderer Kreativität heraus, wenn man sieht, auf welch unterschiedliche Weisen Paletten umgebaut werden, nicht nur zum Bepflan-

zen, sondern auch für Gartenmöbel der etwas anderen Art. Sogar kleine Gartenhäuser und Geräteschuppen sind schon aus alten Paletten entstanden. Bleibt zu hoffen, dass die Industrie weiterhin Holzpaletten verwendet und diese nach wenigen Gebrauchszyklen aussortiert, sonst könnte das Material bald knapp werden.

WAS SICH AUS PALETTEN ALLES ZIMMERN LÄSST

Zum Beispiel ein Wandregal, in dem sämtliches Zubehör Platz findet, das man zum Gärtnern parat haben möchte. Dazu entfernt man die Bretter an der Unterseite und schraubt oder nagelt diese stattdessen um 90 Grad versetzt an die Holzklötze. Wird die Palette nun hochkant an die Wand gehängt (ehemalige Oberseite zur Wand hin), werden die umgesetzten Bretter zu Regalen, die viel Ablagefläche bieten.
Kleinere Paletten (nicht die sehr massiven Europaletten) können auch an leichten Wänden aus Holz aufgehängt werden und dort wie in großen Paletten Gemüse oder Blumen beherbergen.

WOHER NEHMEN? Speditionen bieten manchmal Einwegpaletten an, die Kunden nach einer Lieferung nicht behalten wollten. Einfach mal nachfragen!

Werden zwei Paletten „Rücken an Rücken" aufgestellt und miteinander verbunden, sind sie ziemlich standfest und können frei aufgestellt werden. Noch sicherer ist ihr Stand, wenn sie leicht aufgeklappt, also A-förmig aufgestellt werden. Das Ganze kann man auch noch mit einem Scharnier zusammenhalten, damit sich nichts verschiebt.
Zwei Paletten etwas versetzt übereinander gelegt, ergeben einen Tisch mit interessanter Stufe. Mit untergeschraubten Rädern wird er sogar mobil. Schleift man das Holz ab und lackiert alles sorgfältig, wird so ein Tisch überdies wohnzimmertauglich.
Aus vier zu einem großen Quadrat verbundenen Paletten und einer daraufgelegten Matratze wird im Nu ein bequemes Gartenbett, dazu kann man passende Sessel bauen, in deren Armlehnen Pflanzkästen integriert sind. Von besonders ambitionierten Selbermachern sind schon komplette Sitzlandschaften für den Garten gebaut worden, in die die Pflanztröge und Hochbeete gleich mit integriert wurden.
Ebenfalls aus vier Paletten, die hochkant stehen und an den Seiten zum Viereck miteinander verbunden werden, lässt sich eine klassische Hochbeetumrandung bauen.
Mit etwas aufwendigeren Säge- und Schraubarbeiten sind auch schon ganze Gärtner-Arbeitstische, Zaunelemente mit integrierten Pflanzfächern und Befestigungsmöglichkeiten für zusätzliche Töpfe und sogar Gartenpavillons entstanden.

AUF ALLEN EBENEN Hier ist gut zu erkennen, auf welch vielfältige Art sich Paletten bepflanzen lassen. In den seitlichen Zwischenräumen wachsen polsterförmige und hängende Kräuter und Erdbeeren, ergänzt von einigen kleinen Stauden, die für zusätzliche Farbe sorgen. Obendrauf ist Platz für Radieschen und Co.

[a]

↘ SO GEHT'S

[a] GRÖSSERES FORMAT Sichtschutzwand aus insgesamt zehn Paletten, die interessante An-, Ein- und Ausblicke bietet und zudem zahlreiche Blumen und Nutzpflanzen beherbergt.

[b] KONSTRUKTIONSIDEEN Detailansicht von der Seite. Man erkennt, dass zwei Paletten gegeneinander gestellt wurden. Hier ist noch zusätzlicher Platz für weitere Pflanzen.

[c] GERNE AUCH MIT FENSTER Das ausgesägte Bullauge gewährt einen kleinen Durchblick und Raum für die Kultivierung von Gemüse.

[b]

[c]

GENIALE SICHTSCHUTZWAND

Paletten groß in Form

Paletten können Sie mit etwas handwerklichem Geschick in spannende Objekte verwandeln, die zudem noch Platz für interessante Bepflanzungen bieten. Hier unser Covermotiv in seiner ganzen Pracht.

SICHTSCHUTZWAND

Wer kennt sie nicht, die langweiligen Flechtzäune, mit denen Terrassen zum Nachbarn hin abgeschirmt oder Grundstückgrenzen eingefriedet werden. Noch schlimmer sind Betonzäune, die so tun, als seien sie aus Holz, und die zudem oft noch in schlimmen Farbtönen gestrichen werden. Die selbst gebaute Alternative wirkt auf den ersten Blick zwar ungewöhnlich, entpuppt sich bei genauem Hinsehen aber als durchdachtes „Gesamtkunstwerk" mit allerlei Zusatznutzen. Für einen Aufbau, wie er hier zu sehen ist, benötigen Sie insgesamt zehn ausrangierte Europaletten [→ a]. Aus Gründen der Stabilität werden immer zwei Paletten Boden an Boden hochkant zusammengestellt, sodass sich gleiche Vorder- und Rückseiten ergeben. Dies geschieht aber erst zum Schluss, die Bepflanzung wird zunächst bei den getrennten Paletten vorgenommen.

PFLANZEN IN REIHE

Einen Teil der Umbauten und Bepflanzung nehmen Sie in der Weise vor, wie es auf Seite 58/59 beschrieben ist. Auf diese Art findet bereits eine beachtliche Zahl von Pflanzen Platz in den Lücken zwischen den Deckelbrettern. Zusätzlich werden auch die Seiten, zumindest an den randwärts stehenden Paletten, mit Pflanzen bestückt. Auch auf der Oberseite, also der „Paletten-Krone", ist viel Platz für Pflanzen. Ganz oben herrschen die trockensten Verhältnisse, also ist hier der beste Platz für Kräuter und Duftpflanzen, die bekanntlich die volle Sonne und einen eher trockenen Standort bevorzugen [→ b].

In den Seitenfächern wachsen auf der sonnenzugewandten Seite vor allem Salate, aber auch Minzen und Küchenkräuter, die mehr Bodenfeuchte benötigen, so etwa Petersilie oder Basilikum. Viel Farbe bringen auch die sogenannten Asia-Salate, die aber eigentlich Senfpflanzen sind und wie Blattgemüse behandelt werden.

BEPFLANZTE GUCKLÖCHER

Damit die Palettenwand nicht allzu massiv wirkt, werden in einigen Bereichen größere Kreise durch beide Lagen hindurch gesägt. Sie ermöglichen Ausblicke, ohne dass dadurch die Sichtschutzfunktion verloren geht. In den Ausschnitten wachsen zusätzliche Pflanzen. Damit die Erde aus dem darüber liegenden Bereich nicht herausrieselt, muss die obere Hälfte der Ausschnitte allerdings mit stabilem, engmaschigem Draht verkleidet werden [→ c]. Dort hinein legen Sie noch eine Vliesmatte.

ABSICHERN Eine hohe Palettenwand wie die hier abgebildete darf auf keinen Fall ohne weitere Sicherung aufgebaut werden. Sie können unauffällige T-Träger senkrecht in einem Fundament verankern und die Paletten daran befestigen (das wäre auch unsichtbar im Inneren möglich) oder von einer Seite schräge Stützpfosten dagegen befestigen.

[a]

[b]

↘ SO GEHT'S

[c]

[d]

[a] TROPFTASSE Beginnen Sie mit dem Einhängen der Tropftasse in den unteren Rahmen, sie soll das überschüssige Gießwasser auffangen.

[b] PFLANZSCHALE EINHÄNGEN Anschließend wird die unterste Pflanzschale in die Halterung eingehängt und bis zum Anschlag nach unten gedrückt, damit sie fest sitzt.

[c] SIEBPLATTE EINSETZEN Die hintere Öffnung der untersten Pflanzschale wird mit einer Siebplatte verschlossen, damit die Erde nicht zusammen mit dem Gießwasser in der Tropftasse landet.

[d] BEFÜLLEN Zuerst befüllen Sie die Pflanzschale mit Erde, bevor Sie weitere Pflanzschalen darüber einhängen. Im nächsten Schritt sollten in die Schale auch gleich Pflanzen oder Samen zur Anzucht eingesetzt werden. Gemüse- oder Blumenpflanzen werden leicht schräg zu Ihnen weisend eingepflanzt, damit die Pflanzen später genügend Ausdehnungsmöglichkeit haben. Größere Pflanzen sollten vornehmlich in die rechts und links befindlichen Ausbuchtungen gepflanzt werden. Gehen Sie bei der zweiten und dritten Pflanzschale genauso vor.

[e] FERTIGE BEPFLANZUNG So sieht der fertig bepflanzte Aufbau aus. Dank des reichlich zur Verfügung stehenden Wurzelraums entwickeln sich die Pflanzen schnell.

[e]

VERTICAL GARDEN VON JUWEL

Kinderleichter Aufbau

Eine innovative und durchdachte Idee sowie ein gediegenes Aussehen, machen dieses preisgekrönte Modell von Juwel zu einem besonderen Hingucker. Durchwurzelung und Bewässerung sind hier hervorragend gelöst.

EINFACHES SYSTEM

Der Vertical Garden ist ein neues, flexibles und funktionelles System zur Bepflanzung von Balkonen und Terrassen. Der vertikale Garten ist rasch auch von Ungeübten aufgebaut und ermöglicht die sofortige Anzucht und Kultivierung von Pflücksalaten, knackigen Cocktailtomaten und Erdbeeren ebenso wie von Kräutern zum Beispiel für Tee.

In die wasserdichte Rückwand werden beim Vertical-Garden-Grundelement drei Pflanzschalen und eine Auffangschale eingehängt, darin werden die Pflanzen eingesetzt und gepflegt. Die Maße des Grundelementes betragen 48 cm (Breite), 69 cm (Höhe) und 24 cm (Tiefe). Das System kann an der Wand befestigt oder mithilfe des Standfußes aufgestellt werden. Durch den Standfuß ist eine beidseitige Bepflanzung möglich. Auf dem Grundelement können Sie noch ein weiteres Aufbauelement befestigen, die Gesamthöhe beträgt dann etwa 125 cm.

DURCHGEHENDER WURZELRAUM

Der durchgehende Erdraum von der obersten bis zur untersten Pflanzschale lässt auch tief wurzelnde Pflanzen gut gedeihen, da diese mehrere Schalen durchwachsen können (s. auch S. 128–129). Darüber hinaus macht er intelligente Bewässerung möglich. Überschüssiges Gießwasser wird in der entnehmbaren Tropftasse ganz unten aufgefangen und kann somit zur erneuten Bewässerung benutzt werden [→ a]. Die in der untersten Pflanzschale eingesetzte Siebplatte bewirkt, dass beim Gießen die Ende nicht in die Tropftasse geschwemmt wird [→ c].

Mit der flexiblen Modulbauweise [→ b und d] lassen sich individuelle Gestaltungswünsche leicht realisieren. Juwel Vertical Garden kann übereinander, nebeneinander oder versetzt montiert werden und sieht an Balkon- oder Terrassenwänden, aber auch an Hausfassaden ansprechend und attraktiv aus [→ e]. Das moderne Design hat sogar den begehrten Designpreis Red Dot Award erhalten.

KRÄUTER FÜR WOHLSCHMECKENDE TEES

NAME	KULTIVIERUNG	WIRKUNG
Pfefferminze (*Mentha × piperita*)	benötigt frisches bis feuchtes Substrat, bildet lange überhängende Triebe; sonnig bis halbschattig	wohltuend für den Magen und gut für frischen Atem, lindert Erkältungsbeschwerden
Melisse (*Melissa officinalis*)	bevorzugt mäßig feuchtes bis frisches Substrat; sonnig	ihren Blättern entströmt ein erfrischender Duft, je nach Sorte nach Zitronen, Limonen, Orangen oder Ananas
Echter Salbei (*Salvia officinalis*)	gedeiht in allen Substraten ohne Staunässe, verträgt auch Trockenheit; sonnig	lindert Erkältungsbeschwerden und Halsentzündungen
Ananas-Salbei (*Salvia rutilans*)	gedeiht in allen Substraten ohne Staunässe; sonnig	erfrischendes Ananasaroma, gibt Kräutertees eine exotische Note
Zitronen-Verbene (*Lippia citriodora*)	bevorzugt mäßig frische Substrate, Staunässe vermeiden; sonnig	erfrischend, sehr intensives Zitronenaroma, einzeln oder auch als Mischung; Aromakick für schwarzen Tee
Griechischer Bergtee (*Sideritis syriaca*)	benötigt durchlässigen mageren und kalkhaltigen Boden, wächst polsterförmig; vollsonnig	aromatisch mit etwas Zimtaroma; stärkt das Immunsystem und wirkt entzündungshemmend

DER VERTIKALE GARTEN

von CP Sächsisches Heimatwerk

Die Konstruktion ist ebenso schnell auf und wieder abgebaut. Das Pflanzgestell im Scherenprinzip nimmt nur 5 Minuten Aufbauzeit in Anspruch. Ausziehen, festschrauben, noch die Pflanztaschen einhängen, fertig!

TEMPORÄRE LÖSUNG

Während es sich bei den bisher vorgestellten Systemen vorwiegend um Lösungen handelt, die dauerhaft installiert werden, können Aufbauten, die einfach auf- und abzubauen sind, eine interessante Alternative sein, wenn Sie nur von Zeit zu Zeit Gemüse, Kräuter oder Blumen anpflanzen und kultivieren wollen. Auch hierfür bieten verschiedene Unternehmen praktikable und durchdachte Lösungen an, die auch auf den kleinsten Balkon noch Platz finden können. Im Winter werden die mobilen Etagenbeete einfach zusammengeklappt und kommen in den Keller oder die Garage.

NATÜRLICH

Eine sehr simple und optisch doch ansprechende Lösung bietet beispielsweise die Firma CP Sächsisches Heimatwerk. Das Unternehmen vertreibt Produkte aus regionaler Fertigung, die aus möglichst naturbelassenen Materialien bestehen und häufig in der Tradition des klassischen Handwerks gefertigt werden. Bei dem Vertikalen Garten handelt es sich um einen zusammenklappbaren Rahmen aus massivem Eichenholz, bei dem die einzelnen Streben mit sogenannten Scherenbeschlägen miteinander verbunden sind und der bei Bedarf ganz flach zusammengeklappt werden kann. Im ausgeklappten Zustand werden je nach Modell drei oder vier Pflanzkästen aus PETG-Kunststoff in die Konstruktion

eingehängt. Das Kunststoffgewebe ist übrigens recycelbar. Auch die Pflanzschalen können Sie ganz flach zusammenlegen, sodass alle Teile platzsparend fortgeräumt werden können, zum Beispiel wenn alles über die Wintermonate im Keller eingelagert werden soll. Das Modell mit vier übereinanderliegenden Pflanzkästen ist 120 cm hoch, das niedrigere 90 cm. Der Designer Jörg Brachman hat mit diesem Produkt den dritten Platz beim Green Product Award 2013/2014 gemacht.
Ein ganz ähnliches System gibt es auch von der Firma VegTrug, einem britischen Unternehmen. Anstatt Holz wird hierbei für den Rahmen aber Metall verwendet, die Pflanztaschen bestehen nicht aus festem Kunststoffmaterial, sondern aus wetterfestem Bändchengewebe, welches in mehreren unterschiedlichen Farben zu haben ist. Dieses Modell ist entweder als einzelner Pflanztrog erhältlich, der zusammengeklappt kaum fünf Zentimeter breit ist, oder als Ausführung mit drei übereinanderliegenden Pflanztaschen, die nach dem gleichen Scherenprinzip zusammengefaltet werden wie das Modell des Sächsischen Heimatwerkes.

PFLEGETIPP Eichenholz gehört zu den widerstandsfähigsten Hölzern, bleibt aber noch länger schön, wenn Sie es von Zeit zu Zeit mit einem Bio-Holzöl einpinseln.

ODER SELBER BAUEN

Neben solchen Fertiglösungen kann man aber auch mit ein wenig Fantasie eigene Ideen verwirklichen und dabei die unterschiedlichsten Materialien verwenden, die sich eventuell im Haushalt finden. Vielleicht besitzen Sie ein altes Untergestell aus Metall von einem Tisch? Wenn Sie die Füße bis auf 20 cm absägen und das Ganze hochkant aufstellen, könnten Sie mit Seilen oder Gurten das Innere straff verflechten oder verweben. Daran lassen sich mittels Haken oder Karabinern in fast beliebiger Position Blumentöpfe, Pflanzkästen oder andere Behältnisse befestigen. Oder vielleicht haben Sie noch eine alte Garderobe auf Rädern, die immer nur dann zum Einsatz kommt, wenn sich viel Besuch ansagt. Auch hier lässt sich der leere Raum zwischen der Konstruktion zum Beispiel mit senkrecht geführten Spanngurten ausfüllen, an denen einzelne Töpfe und Pflanztaschen befestigt werden. S-Haken mit einem spitzen Ende lassen sich ohne Weiteres durch solch ein Gurtband hindurchführen. Im Handel findet man noch weitere Dinge, die man zweckentfremden kann. So gibt es klappbare Gestelle, die eigentlich dazu da sind, um Bier- und Limokästen darin einzuhängen. Meist passen drei davon hinein. Selbst gebaute Pflanzkübel in der passenden Größe können aber ebenso zum Einsatz kommen und bieten auch größeren Pflanzen Platz.

PLATZSPAREND Garten, Balkon oder Küche sind zu klein um Gemüse und Kräuter anzupflanzen? Kein Problem. Mit dem zusammenklappbaren Vertikalen Garten können Sie auf engstem Raum ernten oder dekorative Zierpflanzen einbetten. Drei oder vier Etagen lassen sich mit dem edlen Eichengestell ganz einfach aufklappen. Die unkomplizierten Kunststoffschalen in frischem Weiß sind perfekt auf die Bedürfnisse ihrer grünen Bewohner abgestimmt.

[a]

[b]

[c]

↘ SO GEHT'S

[a] HOCH HINAUS Aufgebauter Ständer mit Bepflanzungsvorschlägen.

[b] MIT REISSVERSCHLUSS Mit der transparenten Schutzhaube wird der Ständer zum Mini-Gewächshaus, in dem Sie Tomaten gegen Regengüsse schützen können, aber auch empfindliche Jungpflanzen im Frühjahr gegen Kälte.

[c] GUT VERPACKT Auf diese Weise eingehüllt, bietet der Pflanzenständer selbst bei widrigen Wetterverhältnissen allen Pflanzen optimalen Schutz.

[d] VIEL PLATZ In die 80 cm breiten und 14 cm tiefen Pflanzkästen passt jede Menge Gemüse und Salat.

[d]

FAHRBARER PFLANZENSTÄNDER

Pflanzenvielfalt auf kleinstem Raum

Viele Pflanzen auf wenig Raum unterzubringen, das ist nicht so einfach. Der Gemüse- und Gewürzpflanzenständer der Jürgen Westerholt GmbH bietet da Abhilfe. Er hat vier Etagen und gleitet auf Rollen in jede noch so kleine Ecke.

WARENSTÄNDER-PRINZIP

Man sieht sie auf Märkten und in Geschäften: die praktischen fahrbaren Ständer, in denen die Waren ansprechend präsentiert werden, die man aber auch schnell zur Seite schieben kann, wenn es eng wird. Die Firma Westerholt hat das Prinzip auf einen fahrbaren Pflanzenständer übertragen, der problemlos auch auf dem kleinsten Balkon einen Platz findet [→ a]. Auf einem Metallgestell können insgesamt acht Pflanzkästen eingehängt werden, je vier übereinander auf jeder Seite. Das Gestell ist in aufgebautem Zustand 198 cm hoch und 80 cm breit. Die Kästen werden in jeweils zwei Träger eingehängt, die an den senkrechten Rohren befestigt und arretiert werden. Die Biegungen der Träger sorgen für einen sicheren Halt der Kästen.

SCHNELLER AUFBAU

Der Ständer ist aus mehreren Einzelteilen zusammengesetzt und ohne besonderes Werkzeug leicht aufzubauen. Sie stecken die Teilstücke der beiden senkrechten Rohre ineinander, wobei jeweils eine Querstrebe zur Verbindung dazwischengesetzt wird, die unterste Strebe stecken Sie auf die beiden Füße mit den Rollen. Das letzte Element ist eine dachartig ausgeformte Querstrebe

als Verbindungsstück. Zur Stabilisierung der Konstruktion befestigen Sie noch zwei diagonale Streben an dem so entstandenen Rahmen (Fachwerkprinzip).

Jetzt haben Sie den Pflanzenständer bereits fertig zusammengebaut und können die Pflanzkästen einhängen. Trotz der hohen Stabilität wiegt der Ständer mit leeren Kästen nur sieben Kilogramm. Die Pflanzkästen sind aus UV-stabilem Kunststoff in Deutschland hergestellt.

SCHUTZHAUBE GEGEN KALTE NÄCHTE

Zum Lieferumfang gehört auch eine transparente Schutzhaube, die den Ständer in ein kleines Gewächshaus verwandelt [→ b und c]. Unter der Haube können Sie bereits im zeitigen Frühjahr leckeren Salat oder knackige Radieschen aussäen. Bei wärmeren Temperaturen öffnen Sie die Haube zunächst tagsüber, um sie später ganz abzunehmen. Für den Fall, dass späte Fröste drohen, lässt sie sich rasch wieder überziehen. Die Metallbügel über den obersten Kästen sind Abstandshalter, damit die Schutzhaube nicht zu dicht an die Pflanzen kommt.

FROSTSCHUTZ Die Haube leistet natürlich nicht nur im Frühling gute Dienste, sondern auch im Herbst, wenn sie späte Kohl- und Salatsorten vor den ersten leichten Nachtfrösten schützt. Und vielleicht lohnt es sich gar nicht, den Ständer über den Winter zu zerlegen und wegzuräumen, denn er eignet sich auch für weihnachtliche Dekorationen mit viel Tannengrün und Lichterketten.

KLETTERPFLANZEN
für die dritte Dimension

Kletterpflanzen können auf ganz natürliche Weise Mauern und Zäune verschönern. Mit Pergolen und begrünten Wänden schaffen Sie intime, geschützte Plätze oder verschönern kahle Hauswände.

GRÜNER TEPPICH

Für eine dauerhafte Bepflanzung eignen sich am besten kletternde Gehölze, die im Laufe der Jahre zu imposanten Exemplaren heranwachsen können. Auch unansehnliche Mauern oder Zäune lassen sich so wirkungsvoll verstecken. Sind die Kletterpflanzen dann auch noch immergrün, bieten sie selbst im Winter einen attraktiven Anblick. Grundsätzlich muss man bei Kletterpflanzen zwischen zwei Gruppen unterscheiden: Selbstklimmer und Schlingpflanzen. Selbstklimmer benötigen keine Kletterhilfe, da sie sich mit Haftwurzeln oder Haftscheiben an Wänden festhalten können. Zu dieser Gruppe gehören zum Beispiel Efeu (Hedera) und Wilder Wein (Parthenocissus). Schlingpflanzen und Rosen benötigen hingegen in jedem Fall eine Rankhilfe.

GEEIGNETE ARTEN

Ein absoluter Klassiker bei den Selbstklimmern ist sicherlich Efeu, von dem es zahlreiche auch buntlaubige Sorten gibt. Efeu klettert mithilfe von Haftwurzeln auch an relativ glatten Wänden problemlos empor. Es kann im Laufe der Jahre ganze Häuser einhüllen und eignet sich besonders für schattige Lagen. Je nach Größe der zu begrünenden Fläche sind passende Sorten erhältlich. Die buntlaubigen Sorten sind in der Regel wuchsschwächer und eignen sich auch für kleinere Flächen.
Ein weiterer Vertreter der Selbstklimmer ist

der Wilde Wein, auch Jungfernrebe genannt. Die beiden Arten *Parthenocissus quinquefolia* und *Parthenocissus tricuspidata* zeichnen sich ebenfalls durch eine starke Wuchskraft aus. Mit kleinen Haftscheiben halten sie sich an Wänden fest. Der Wilde Wein ist zwar nicht immergrün, dafür zeigt er im Herbst eine atemberaubende Herbstfärbung in allen erdenklichen Rottönen. Er gedeiht am besten an sonnigen oder halbschattigen Standorten.

KLETTERN MIT BLATTRANKEN

Waldreben (Clematis) umgreifen ihre Kletterhilfe mit Blattranken. Daher benötigen sie Drähte oder relativ dünne Hölzer, die sie umranken können. Mit einem vorgehängten Spalier werden auch Mauern und Wände zuverlässig überwachsen. Unter den *Clematis* finden sich sowohl starkwüchsige Wildformen als auch Arten und Hybriden, deren Wachstum sich auf die üblichen 2–4 m beschränkt. Ab Juli blühen die *Viticella*-Hybriden, die zwar kleinblütiger, aber sehr robust und unempfindlich gegen die gefürchtete Clematiswelke sind. Waldreben gedeihen am besten in sonniger oder halbschattiger

EIN- UND ZWEIJÄHRIGE Neben den Klettergehölzen gibt es auch viele Sommerblumen, die ranken oder klettern. Mit ihnen lassen sich Pergolen und Wände schnell bewachsen und auch für Kübel und auf dem Balkon sind sie eine praktikable und attraktive Lösung.

Lage und in nahrhaftem, durchlässigem Boden. Der „Fuß" sollte allerdings niemals der vollen Sonne ausgesetzt werden. Besonders üppig im Wachstum sind die vielen Wildclematis, von denen einige leider noch recht unbekannt sind. *Clematis tangutica* und *Clematis orientalis* schmücken sich im Spätsommer mit kräftig gelben Blüten, während bei der *Clematis rehderiana* kleine hellgelbe Glockenblüten in Büscheln blühen. *Clematis maximowicziana* hat weiße, stark duftende Blüten.

SCHATTENSPEZIALISTEN

Eine Expertin für den Schatten ist die Kletterhortensie (Hydrangea petiolaris). Sie besitzt zwar Haftwurzeln, diese halten aber nur auf rauen Untergründen. Daher ist es ratsam, ihr eine zusätzliche Kletterhilfe zu geben. Kletterhortensien benötigen humosen, frischen Boden, in Trockenzeiten sollten Sie sie großzügig gießen.
Die Pfeifenwinde zeichnet sich durch riesige herzförmige Blätter aus, ihre Blüten sind eher unscheinbar und unter dem Blätterdach versteckt. Mit einer Wuchsleistung von 10 m kann sie ganze Lauben eindecken. Sie kann aber auch problemlos zurückgeschnitten werden. Der Boden sollte genügend feucht sein und gelegentliche Düngergaben tragen der starken Wuchsleistung Rechnung. Ansonsten ist die Pfeifenwinde anspruchslos und gedeiht sowohl in der Sonne als auch im Halbschatten.

HAUSSCHMUCK Kletterpflanzen, wie hier Blauregen *(Wisteria sinensis)*, Wilder Wein *(Parthenocissus tricuspidata)*, Englische Kletterrosen, z.B. die pinkfarbene 'Sophy's Rose'®, oder Pfeifenwinde *(Aristolochia macrophylla)*, können im Laufe der Jahre komplette Wände in ein grünes Kleid hüllen. Wenn Sie sommergrüne und immergrüne Arten mischen, behält die Wand auch im Winter ihr grünes Kleid. Laufabwerfende Klettergehölze bringen zusätzliche Abwechslung, wenn sich ihr Laub im Herbst verfärbt oder im Frühling in hellem Grün austreibt.

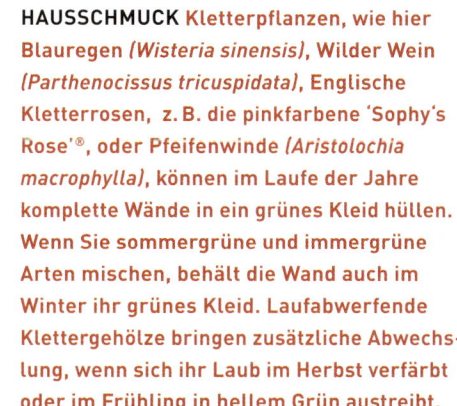

KREATIV SELBST GEMACHT

von Kokosnüssen bis PET-Flaschen

Mit der nötigen Fantasie lassen sich viele Gegenstände des Alltags als Pflanzbehälter zweckentfremden, die man auf den ersten Blick vielleicht nicht damit in Verbindung gebracht hätte.

ZEIGT HER EURE SCHUHE!

In den Niederlanden könnte man schon einmal etwas Ähnliches gesehen haben, denn dort werden gelegentlich alte Holzschuhe zweckentfremdet, mit Blumen bepflanzt und an den Zaun gehängt. Doch damit sind die Möglichkeiten noch nicht erschöpft. Prinzipiell kann man jede Art von Schuhen bepflanzen, wobei männliche Knobelbecher natürlich sehr viel geräumiger sind als winzige Kinderschuhe. Hervorragend geeignet sind überhaupt alle Stiefel, denn sie bieten den Pflanzen einen Wurzelraum, der den Namen auch verdient [→ c]. Dort ist so viel Platz, dass Sie das untere Drittel mit Drainagematerial, etwa Perlite oder Blähton, ausfüllen können. Darüber kommt hochwertiges Substrat, gemischt mit einem Langzeitdünger, und schon finden dekorative Sommerblumen eine etwas andere Heimat über den Sommer. Wer Kinder hat, weiß, dass jeden Herbst eine neue Schuhgröße erreicht wird und damit auch neue Stiefel fällig werden. Aber auch sonst finden sich bestimmt Exemplare, bei denen sich eine Reparatur nicht mehr lohnt und die sonst in die Mülltonne kämen. Originell ist auch eine ganze Stiefelparade, nebeneinander aufgehängt, einfach an Nägeln befestigt, die dort eingeschlagen werden, wo Platz ist.

SCHWEBENDE FLASCHEN

Seit auch für die meisten PET-Flaschen die Pfandpflicht gilt, fallen weniger davon im Haushalt an. Aber es gibt immer noch genügend Saftflaschen und ähnliche Behälter, die sich für ein Recycling als Pflanzbehälter eignen. Ideen für eine pfiffige Verwertung gibt es reichlich. In unserem Beispiel wurde damit ein schlichter Flechtzaun aufgepeppt, wie er in vielen Gärten als Trennwand zur Terrasse der Nachbarn steht [→ b]. Die Flaschen werden hierbei „liegend" verwendet, wobei etwa ein Drittel der Seitenwand herausgeschnitten wird. In die so entstandene Öffnung können Sie anschließend Substrat einfüllen und Pflanzen einsetzen. Aufgrund des begrenzten Wurzelraumes kommen allerdings nur kleine Pflanzen in Betracht, zum Beispiel Kräuter. Für die Befestigung an der Wand bohren Sie an den Enden Löcher durch die Flaschen und ziehen Kunststoffseile hindurch. Die Flaschen sichern Sie durch Knoten in den Seilen, die Seile selbst befestigen Sie am besten an Ösen, die Sie oben und unten in die Wand geschraubt haben.

„NATURE BASKET"

Kalebassen, Kürbisse, Kokosnüsse: Sie alle kann man aushöhlen und als Pflanzbehälter nutzen. Warum nicht auch als Pflanzkorb in der Tradition eines Hanging Basket [→ a]? Für die Befestigung an Ketten oder Seilen greift man entweder zum Bohrer oder knüpft ein Netz, in das man die jeweiligen Pflanzbehälter hineinlegt, um das Ganze aufhängen zu können.

↘ SO GEHT'S

[a] **KOKOSNÜSSE** Ob tropische Riesennuss oder heimische Kürbisse – beide eignen sich hervorragend für die Bepflanzung mit Essbarem oder Dekorativem.

[b] **PALISADEN-VERSCHÖNERUNG** Mit Kräutern in schwebenden PET-Flaschen hat man immer die richtigen Zutaten für die Küche parat. Besonders empfehlenswert ist ein Standort an der Terrasse.

[c] **AUS ALT MACH NEU** Eine originelle Idee, vor allem für temporäre Bepflanzungen, sind alte Stiefel. Hier hängt gleich eine ganze Stiefelparade.

[b]

[c]

↘ SO GEHT'S

[a] LOCHSÄGE-BOHRER Mit diesem Aufsatz, den es meistens als ganzen Satz mit verschiedenen Durchmessern gibt, können Sie die Löcher für die Töpfe in das Brett schneiden.

[b] ANZEICHNEN Probieren Sie aus, in welchem Abstand Sie die Töpfe anbringen wollen, und zeichnen Sie die Mittelpunkte ein.

[c] BOHREN Die Kreisscheiben werden mit dem Lochsäge-Bohrer herausgeschnitten.

[d] ZUSAMMENSCHRAUBEN Verbinden Sie Trägerbrett und Rückwand.

[e] FERTIGES REGAL Das zusammengebaute und bepflanzte Regal ist ein Schmuckstück.

[e]

PFLANZREGAL FÜR DIE WAND

stilvolles Sideboard

Auch wenn Sie nur ganz wenig Platz haben, für ein kleines Regal mit ein paar Kräutertöpfen ist bestimmt noch irgendwo Platz. Das gezeigte Modell ist schnell selbst gebaut.

DAS MATERIAL

Sie benötigen für den Bau des Regals folgende Materialien und Werkzeuge:

- zwei Holzbretter. Je nach Platz an der Wand und Anzahl der Töpfe, die Sie unterbringen wollen, variiert die Länge und auch die Breite. Nehmen Sie als Faustregel die Summe der Durchmesser der Töpfe am oberen Rand plus einen weiteren Topfdurchmesser. Auch die Breite sollte mindestens das Anderthalbfache eines Topfdurchmessers betragen.
- eine Säge
- eine Bohrmaschine mit Lochsäge-Aufsatz [→ a]
- Schrauben, Schraubendreher, Zollstock
- Haken zum Aufhängen an der Wand
- Garderobenhaken für das Stirnbrett, zum Aufhängen von z. B. kleinen Vasen

AUSMESSEN

Zeichnen Sie zunächst an, wo die Tontöpfe durch das Brett geführt werden sollen [→ b]. Messen Sie die Durchmesser der Töpfe und bohren Sie mit dem Lochsäge-Aufsatz Löcher in das Brett, die 1–2 cm kleiner im Durchmesser sind als die Töpfe. Da diese konisch geformt sind, sich also nach unten verjüngen, werden sie auf diese Weise sicher gehalten.

Bohren Sie nun nacheinander die Löcher in das Brett. Am besten funktioniert das, wenn Sie ein anderes Brett unterlegen [→ c].

MIT DER RÜCKWAND VERBINDEN

Schneiden Sie aus einem Holzrest zwei rechtwinklige Dreiecke zu, die Sie wie in der Abbildung mit der Stirnseite an den Enden des Brettes anschrauben, das als Rückwand gedacht ist [→ d]. Bei hartem Holz müssen Sie die Löcher zunächst vorbohren, ansonsten leistet auch ein Akkuschrauber gute Dienste.

DAS FERTIGE REGAL

Als Nächstes wird das Brett mit den Ausschnitten für die Töpfe im rechten Winkel an die Rückwand geschraubt und liegt dabei auf den Seitendreiecken auf. Natürlich können Sie es so im Rohzustand belassen. Hübsch ist aber auch eine farbige Lasur, die farblich mit den Wandmaterialien harmoniert, in der Abbildung zum Beispiel ein mattes Weiß. Hier wurde die Farbe der Fenster und des Fachwerks aufgenommen. An der Rückwand können Sie noch Garderobenhaken anbringen, an denen Sie beispielsweise dekorativen Nippes, aber auch nützliche Garten-Handgeräte aufhängen können. Ebenso lassen sich daran Kräuterbüschel aufhängen, die zuvor eine Etage höher geerntet wurden. In die Aussparungen kommen zum Schluss die bepflanzten Töpfe, zum Beispiel mit Kräutern oder Duftpflanzen [→ e].

FÜR DRAUSSEN UND DRINNEN

von Bildern, Röhren und Magneten

Neben den selbst gebauten Lösungen, die ihren eigenen Charme besitzen, finden handwerklich Unbegabte und Perfektionisten hier aber auch viele ausgeklügelte Fertiglösungen.

KAROO-PFLANZENWAND
Bei diesem System können Sie Ihren eigenen vertikalen Garten in der Wohnung oder auf der Terrasse kreieren. Die Karoo-Pflanzenwand wird umweltfreundlich aus recyceltem Kunststoff gefertigt, verfügt über neun Pflanztaschen und wird mit einem speziell zusammengestellten Substrat zur vertikalen Begrünung geliefert. Jetzt brauchen Sie nur noch hübsche Pflanzen kaufen, diese einpflanzen, und den Kasten an die Wand hängen [→ c]. Das Pflanzgefäß ist in Weiß und Grau erhältlich. Sie können den Kasten sowohl manuell als auch automatisch bewässern. Er ist absolut wasserdicht und daher auch für drinnen geeignet, so bleiben Ihre Wände garantiert trocken und sauber.

LIVEPICTURE VON BEIERMEISTER
Das System besteht aus einem Rahmen, in den die Halterungen eingehängt werden, in denen die Pflanzen wachsen. Durch die auswechselbaren Pflanzenhalterungen haben Sie die Möglichkeit, der Jahreszeit entsprechend immer wieder Pflanzen auszutauschen [→ b]. Das „lebende Bild" lässt sich einfach an jeder Wand mit nur drei Schrauben befestigen.

BOSKKE SKY PLANTER
Der Sky Planter ist mehr als ein umgedrehter Blumentopf. Er ist ein Pionier des Urban Gardening, schon einige Jahre auf dem Markt und hat 2011 den Red Dot Award für richtungsweisendes Design erhalten. In dem speziellen Blumentopf hängen Kräuter und Pflanzen kopfüber von der Decke, was auf jeden Fall ein besonderer Hingucker ist [→ a]. Der Sky Planter ist aus Keramik und recyceltem Kunststoff in verschiedenen Farben erhältlich. Die Keramik verleiht dem Sky Planter eine besondere Wertigkeit und so passt er gut in Wohn- und Schlafzimmer oder Büro. Aber Achtung: Durch das Material ist er etwas schwerer und benötigt eine tragfähige Deckenbefestigung.
Damit die Pflanze samt Erde im Topf bleibt, verfügt der Sky Planter über ein Sicherheitsnetz, das im Lieferumfang enthalten ist. Es wird über die Erde und um den Wurzelhals der Pflanze herumgelegt. Das Gießen erfolgt von oben, dort ist der Topf perforiert. Ein Markierungsstab zeigt an, wann wieder Wasser benötigt wird.

KLEINE LÖSUNGEN
Mit der FlowerBox Tube [→ d] und den magnetischen Blumentöpfen von KalaMitica [→ e] stehen zwei Lösungen bereit, bei denen schon eine schmale Wandnische genügt, um sie dort zu befestigen. In der Tube, also in der senkrecht aufgehängten Röhre, wachsen die Pflanzen in einem speziellen FlowerBox-Moos. Dieses natürliche Moos kann das Zwanzigfache seines Volumens an Wasser speichern. Dadurch müssen die Pflanzen nur einmal in der Woche gegossen werden.
Zu den magnetischen Blumentöpfen gibt es passende Wand- und Standtafeln, an denen die Töpfe zuverlässig in jeder beliebigen Höhe halten.

[a]

[b]

[d]

[c]

↘ SO GEHT'S

[a] BOSKKE SKY PLANTER Beim Skyplanter von Boskke steht die Pflanze Kopf. Ein spezielles Netz verhindert hier ihr Herausfallen.

[b] LIVEPICTURE® VON BEIERMEISTER Durch den edlen Metallrahmen passt das Bild aus lebenden Pflanzen auch ins gestylte Wohnzimmer.

[c] INDOOR & OUTDOOR GREEN WALL Das Karoo-System eignet sich für drinnen und draußen. Auf Wunsch gibt es auch die passende automatische Bewässerung dazu.

[d] FLOWERBOX TUBE 65 Handgefertigte Keramikröhre mit 65 cm Höhe. Sie kommt zum Einsatz, wenn nur ein schmaler Wandbereich zur Verfügung steht. Zum Gießen sollte man die Röhre herunternehmen.

[e] KALAMITICA Magnetische Töpfe an der frei stehenden Standtafel beherbergen Zimmerpflanzen, aber auch Kräuter, sofern diese am Standort genügend Licht erhalten.

[e]

[1.]

[2.]

[3.]

ZIMMERPFLANZEN
für Wandbilder

Auch Zimmerpflanzen sind der Mode unterworfen. Einige Gattungen halten sich aber über lange Zeit in der Beliebtheitsliste, denn sie sind pflegeleicht.

ZWERGPFEFFER [1.]
Peperomia

Aussehen: Vor allem die ausdrucksvollen Sorten mit buntem Laub sind häufig in den Zimmerpflanzenabteilungen der Gartencenter zu finden. Ihr Laub ist meist spitz eiförmig, das Besondere aber sind ihre unterschiedlichen Blattzeichnungen, die stets entlang der Blattadern verlaufen. Bei der Art *Peperomia caperata* besitzen die Blätter zusätzlich noch eine sehr plastische, runzelige Struktur. Die Blüten des Zwergpfeffers bestehen aus aufrechten, über dem Laub stehenden Kolben, die recht apart, aber nicht sehr auffällig sind.

Standort: Die zahlreichen Arten sind fast überall in den Tropen verbreitet und beliebte Zimmerpflanzen. Die grünblättrigen Arten der *Peperomia* benötigen einen hellen Standort, direkte Sonneneinstrahlung der Mittagssonne sollte aber vermieden werden. Die buntblättrigen Arten vertragen mehr Sonnenlicht, aber auch keine direkte Sonne. Peperomien haben es gerne warm und sollten nicht bei Temperaturen unter 15 °C kultiviert werden.

Pflege: Die Pflanzen sollten nur sparsam gegossen werden, vor dem Wässern die Erde gut abtrocknen lassen. Die fleischigen Blätter der Pflanzen können etwas Wasser speichern, die *Peperomia* übersteht deshalb auch kurze Trockenzeiten.

GRÜNLILIE [2.]
Chlorophytum

Aussehehen: Der überhängende Wuchs der lanzettlichen Blätter und des Blütenschaftes prädestiniert die Grünlilien als Ampel- und Topfpflanzen. Vor allen die panaschierte gestreifte Form ist bekannt und beliebt. Interessant ist, dass die Pflanzen ständig Ableger an überhängenden Stängeln produzieren, die einfach abgenommen werden können und in Wasser schnell Wurzeln entwickeln.

Standort: Sie gehört zu den härtesten und unempfindlichsten Zimmerpflanzen. Die gestreifte Art benötigt einen hellen Standort und darf vorallem während der kurzen Wintertage in direktes Sonnenlicht gestellt werden. Die grünen Arten kommen auch mit dunklen Standorten zurecht.

Pflege: In der Hauptwachstumszeit vom Frühjahr bis zum Herbst gießt man Grünlilien reichlich und so oft, dass der Pflanzballen durchgehend feucht bleibt. Während der winterlichen Ruheperiode sollte die Erde nur hin und wieder etwas angefeuchtet werden. Zwischen den einzelnen Wassergaben die oberste Schicht der Erde antrocknen lassen. Für die Kultivierung eignen sich normale Raumtemperaturen. Bei Temperaturen unter 10 °C stellt die Pflanze das Wachstum ein, verträgt aber sonst jeden Temperaturbereich bis 30 °C. Grünlilien filtern Schadstoffe aus der Luft.

[4.]

KORBMARANTE [3.]
Calathea

Aussehen: *Calathea* ist eine tropische Pflanze mit attraktiven, oft bunt gefleckten, recht großen Blättern. Diese entspringen einem kurzen, kaum sichtbaren Stamm. Einige Arten bilden farbenfrohe Blüten aus.

Standort: Bevorzugt einen hellen Standort ohne direktes Sonnenlicht und viel Luftfeuchtigkeit. Die Temperatur sollte nicht unter 15 °C fallen.

Pflege: Während der Wachstumszeit sollten Sie sie gleichmäßig gießen. Die Erde sollte stets feucht bleiben und nicht antrocknen. Während der Ruheperiode schränkt man die Wassergaben ein. Da die Pflanze keinen Kalk verträgt, am besten mit Regenwasser gießen. Auf einen Standort ohne Zugluft achten, sonst besteht die Gefahr des Befalls mit Spinnmilben.

SCHÖNPOLSTER [4.]
Callisia

Aussehen: Unter ihrem deutschen Namen ist die *Callisia* eher wenig bekannt. Die Arten der Gattung Callisia sind ausdauernde, krautige Pflanzen mit sukkulenten Laubblättern, die oft bodendeckend wachsen und sich im Zimmer als Ampelpflanze eignen. Am besten entwickelt sich die Pflanze bei Temperaturen zwischen 18 und 25 °C.

Standort: Die Pflanze bevorzugt einen hellen Standort ohne Mittagssonne und mit ausreichender Luftfeuchte.

Pflege: Während der Wachstumsphase sollten Sie gleichmäßig gießen. Ballentrockenheit und Staunässe sollten vermieden werden. Während der Ruhezeit in den Wintermonaten das Gießen einschränken.

DRAHTSTRAUCH [5.]
Muehlenbeckia

Aussehen: Drahtsträucher sind kleine, aufrechte oder niederliegende, kletternde, sehr dicht verzweigte, immergrüne Sträucher mit kleinen, runden Blättern.

Standort: *Muehlenbeckia* bevorzugt einen warmen, hellere Standort, sie verträgt etwas Sonne, aber ein halbschattiger Standort wird bevorzugt.

Pflege: Das Substrat sollte gut wasserdurchlässig sein. Regelmäßiges Gießen ist wichtig, vor allem wenn die Pflanzen sich an einem Standort mit direkter Sonneneinstrahlung befinden. Die Erde darf nicht austrocknen, sonst wirft sie das Laub ab. Auch bei Temperaturen unter 2 °C verliert sie das Laub, trotzdem ist sie winterhart bis -20 °C.

[5.]

GREISKRAUT [6.]
Senecio

Aussehen: *Senecio* ist mit ungefähr 1 200 Arten eine sehr umfangreiche Gattung. Die meisten sind sukkulente Arten, von denen viele als beliebte Zimmerpflanzen bekannt sind. Bei ihnen sind die fleischigen Blätter mit einer dekorativen Wachsschicht überzogen, wodurch sie oft silbrig oder graublau wirken.

Standort: Wie die meisten Sukkulenten benötigt auch *Senecio* einen sehr hellen Standort mit voller Sonnenbestrahlung. Bei einem zu dunklen Standort wachsen die Sukkulenten sparrig und die Blätter verlieren ihre Färbung. *Senecio* gedeiht bei normalen Zimmertemperaturen, die während der Hauptwachstumszeit am besten zwischen 19 und 22 °C liegen sollten. Bei abrupten Temperaturwechseln werfen die Pflanzen ihre Blätter ab.

Pflege: Während der Hauptwachstumszeit werden die Pflanzen regelmäßig leicht gegossen, das Substrat sollte zwischendurch nicht komplett austrocknen. Im Winter mäßig gießen. Düngen ist nicht nötig, das Substrat sollte aber immer mal wieder mit Sand aufgelockert werden.

[6.]

PFLANZENFREUDE PUR

Wächst nicht, gibt's nicht

Die Vielfalt der Pflanzen, die sich für grüne Wandbilder, Pflanztaschen, aber auch selbst gebaute Lösungen von einfachen Hängekörben bis zur bepflanzten Palette eignen, ist beachtlich. Wichtig ist immer die richtige Pflanze für den optimalen Standort zu finden.

PFLANZEN ZUR BEGRÜNUNG

jede hat ihren Platz

Großflächige Wandbepflanzungen, aber auch kleine Lösungen für Wände im eigenen Garten bedingen ein etwas anderes Pflanzensortiment, als es im Garten üblicherweise zum Einsatz kommt.

WACHSTUM AUCH BEI WENIG WURZELRAUM

Trotzdem finden sich sowohl im normalen Staudensortiment als auch unter den Pflanzen, die für die saisonale Bepflanzung von Balkon und Terrasse verwendet werden, genügend geeignete Kandidaten für Wandbepflanzungen aller Art. Ein Kriterium müssen alle Kandidaten erfüllen: Sie müssen mit einem begrenzten Wurzelraum auskommen, weil die Behältnisse, ob Kästen, Töpfe, Kisten oder Flaschen, meist knapp bemessen sind. Auch die exponierte Lage, in der sich die Pflanzen oft befinden, verlangt nach eher robusten als kapriziösen Arten mit besonderen Ansprüchen an ihren Lebensraum. Manche Spezialisten laufen in Wandbepflanzungen zu Hochform auf, weil diese eben ihren natürlichen Lebensräumen sehr ähnlich sind. So gleicht das Mikroklima einer nach Norden gelegenen Wand unter Umständen einer Felsschlucht im Gebirge. Dort in den Felsspalten siedeln sich verschiedene Farne und Moose an und überwachsen mit der Zeit ganze Bereiche des Gesteins.

SONNENANBETER

Das ganze Gegenteil, nicht nur von den Ansprüchen, sondern auch vom Habitus, sind diejenigen Pflanzen, die warme, unter Umständen auch heiße Südfelsen bewachsen. Wer schon einmal eine Dachwurz genauer betrachtet hat, weiß, dass sie fast gar kein Substrat benötigt und auch mit dem Wasser auskommt, das der Wurzelbereich bei Regen aufnimmt. Im Gegenteil, zu viel Feuchtigkeit lassen die dickfleischigen Rosetten der Pflanze faulen. An einer glatten Wand finden solche Pflanzen allerdings von selbst keinen Halt, sodass sie auf Wandbehälter, gleich welcher Bauart, angewiesen sind. Hauptsache, das Regenwasser kann schnell ablaufen beziehungsweise gelangt erst gar nicht in größerer Menge in den Wurzelbereich. Kleinste Wandtaschen und Wandbehälter, Tontöpfe, die in Gruppen oder Reihen eine Wand schmücken – hier können sie ihrem botanischen Namen *Sempervivum* (= ewig lebend) alle Ehre machen.

STAUDEN UND SOMMERBLUMEN

Neben den Kandidaten für Extremstandorte kommen aber auch viele andere Pflanzen für Wandbegrünungen aller Art infrage. So müssen die meisten Balkonblumen in ihren Kästen auch mit wenig Wurzelraum auskommen. Sie benötigen aber sehr viel mehr

NATÜRLICHEN LEBENSRAUM BEACHTEN

Manche Arten sind gegen Regen und Sturm empfindlich, weil sie zarte, weiche Blätter besitzen. Andere welken sehr schnell bei starker Hitze, weil sie an ihrem natürlichen Lebensraum unter einem schützenden und filternden Blätterdach wachsen.

Pflege und Aufmerksamkeit als die zuvor angesprochenen Überlebenskünstler. Damit sie wachsen und wochenlang blühen, müssen sie regelmäßig gegossen und gedüngt werden. Verblühtes muss herausgeschnitten werden, damit die Pflanzen keine Samen ansetzen, sonst ist die Blüte schnell vorbei. Wenn Sie sich die Mühe machen, Ihren Pflanzen diese Bedingungen zu bieten, wachsen sie in einem Wandsystem genauso wie im Balkonkasten. Pflegeärmere Varianten sind aber auf jeden Fall die größeren Überlebenskünstler.

GEHÖLZE

Eine Gruppe, die sich auch für dauerhafte Wandbegrünungen eignet, sind immergrüne Zwerggehölze. Die meisten von ihnen sind nicht aufregend, aber zuverlässige Bodendecker, die oft für größere Flächen im öffentlichen Grün verwendet werden. In diese Kategorie gehören Ysander (*Pachysandra*), Kriechspindel (*Euonymus fortunei*) und verschiedenste Zwerg- und Kriechmispeln (*Cotoneaster*), die häufig in der Kritik stehen, weil sie auf so einfallslose Weise auf großen Flächen verwendet werden, wenn den Grünplanern nichts Besseres einfällt. Wenn man sie allerdings als Alternative zu einer langweiligen, unbepflanzten grauen Betonwand sieht, muss man auch ihre Stärken zur Kenntnis nehmen. Wichtig ist die Abwechslung. Schon mit zwei Arten lassen sich interessante Muster pflanzen.

VORBILDHAFT Die Bildergalerie zeigt schon, dass es auch bei reinen Blattpflanzen recht bunt zugehen kann. Es handelt sich dabei um Hauswurz *(Sempervivum)*, Kriechspindel *(Euonymus fortunei)*, Fetthenne *(Sedum)* und Ysander oder Dickmännchen *(Pachysandra terminalis)*. Von allen Arten gibt es auch Sorten, die teilweise panaschiert sind oder außergewöhnliche Blattfärbungen aufweisen.

[a]

[d]

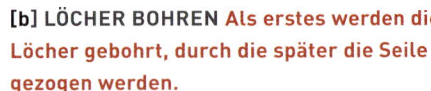

↘ SO GEHT'S

[a] DAS BENÖTIGTE MATERIAL Neben drei Regenrinnenabschnitten benötigen Sie diverses Montagematerial wie in der Liste angegeben.

[b] LÖCHER BOHREN Als erstes werden die Löcher gebohrt, durch die später die Seile gezogen werden.

[c] AUFHÄNGUNG BEFESTIGEN Damit die Rinne nicht am Seil herunter rutscht, wird ein Seilschloss darunter befestigt.

[d] ERDE EINFÜLLEN Sind die Rinnen fest verankert und mit den Holzklötzchen stabilisiert, können Sie das Substrat einfüllen.

[e] BEPFLANZEN Anschließend können Sie mit dem Bepflanzen beginnen.

[f] VORSICHTIG ANGIESSEN Gießen Sie nach dem Pflanzen ausreichend, aber achten Sie darauf, dass die Erde nicht herausgeschwemmt wird.

[b]

[e]

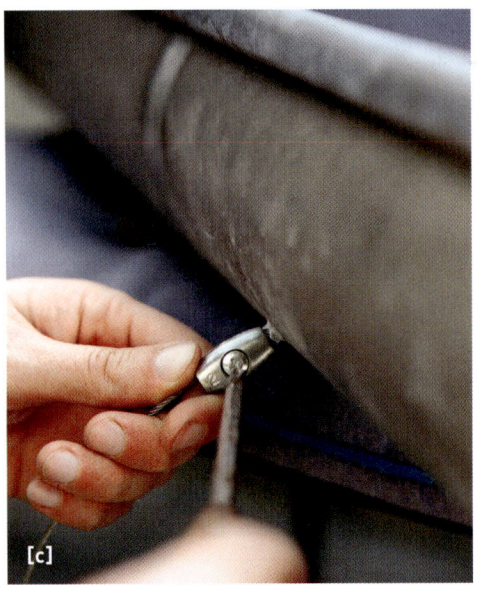

[c]

[f]

EINE GRÜNE REGENRINNE

für kahle Wände

Aus Abschnitten von üblichen Regenrinnen können Sie ganz einfach eine hängende Gemüse- und Kräuter-Etagere herstellen. Hier sehen Sie, wie es funktioniert.

Sie benötigen dazu dieses Material [→ a]:
• drei Regenrinnen, jeweils etwa einen Meter lang und mit jeweils passenden Endstücken verschlossen
• mehrere Meter Edelstahlseil, mindestens einen Millimeter dick
• Seilschlösser zum Fixieren der Regenrinnen an den Seilen
• eine Bohrmaschine mit Metallbohrer
• Hammer, Schraubendreher, Inbusschlüssel, Zollstock
• sechs Holzklötzchen

Als erstes bohren Sie je zwei Löcher in den Boden der Regenrinne, durch die die Stahlseile hindurchgeführt werden, die die drei Regenrinnen miteinander verbinden sollen [→ b]. Eventuell ist es sinnvoll, weitere Löcher anzubringen, damit überschüssiges Gieß- und Regewasser ablaufen kann.

Im nächsten Schritt ziehen Sie die Stahlseile durch die zwei dafür vorgesehenen Bohrlöcher. Jeweils direkt darunter sichern Sie das Seil mit einem sogenannten Seilschloss, das verhindert, dass die Rinne nach unten rutschen kann [→ c]. Beginnen Sie mit der obersten Rinne. Lassen Sie nach oben genügend Seil stehen, damit die Konstruktion in der vorgesehenen Höhe aufgehängt werden kann. Mit den Schlössern halten Sie die Rinnen im richtigen Abstand. Zugleich können Sie jeweils über jeder Rinne zwei Holzklötzchen mit einfädeln, die die gleiche Tiefe wie die Rinne in der Innenseite haben. Sie werden zwischen die Ränder geklemmt und sorgen dafür, dass die Rinne in der Waage gehalten wird und nicht kippelt. Nun können Sie alles aufhängen [→ d]. Anschließend erfolgen das Einfüllen der Erde und die Bepflanzung [→ e]. Ganz wichtig: regelmäßiges Gießen, denn in der Rinne haben die Pflanzen nur wenig Raum für Wurzeln, ihre Ballen trocknen entsprechend schnell aus [→ f].

 3 × Blattsalat Lollo bionda (siehe S. 98)

 3 × Blattsalat Lollo rosso (siehe S. 98)

 3 × Monats-Erdbeere ‚Rügen'

 2 × Oregano (siehe S. 106)

 3 × Thymian (siehe S. 106)

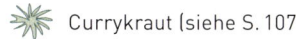 Kriechender Rosmarin (siehe S. 106)

Currykraut (siehe S. 107)

ATTRAKTIVE WANDBILDER
für drinnen und draußen

Die Wandbilder für den Privathaushalt sind eher klein dimensioniert, wenn man sie mit den großflächigen Pflanzenwandbildern in und an öffentlichen Gebäuden vergleicht. Trotzdem werden auch Sie ein Plätzchen dafür finden.

GRÜNPFLANZEN FÜR GARTENWANDBILDER

NAME	STANDORT	AUSSEHEN
Sternmoos (Sagina subulata)	schattig	frischgrün, polsterbildend
Thymian (Thymus vulgaris)	sonnig	flache Polster, graugrün; aromatisch
Günsel (Ajuga reptans)	halbschattig bis schattig	dunkelgrün, auch rotlaubige Sorten; auf klein bleibende Sorten achten
Frauenhaar-Farn (Adiantum capillus-veneris)	schattig	bogig überhängend, elegant, kleinblättrig
Grasnelke (Armeria pubigera)	sonnig	polsterförmig, graugrün; auch außerhalb der Blütezeit dekorativ
Rote Zwerg-Segge (Carex berggrenii)	schattig	zahlreiche Arten und Sorten, teils panaschiert; auf niedrige Formen achten
Mauerpfeffer (Sedum-Arten)	sonnig bis halbschattig	polsterförmig bis kriechend, auch in Rosetten wachsend, viele bunte Blattfarben

DIE RICHTIGE GRÖSSE

Üblich sind bei Wandbildern Breiten bis zwei Meter. Schließlich haben die Wände auch so schon einiges an Gewicht zu tragen, denn gut gewässertes Pflanzensubstrat ist schwer.

Stark wachsende Pflanzen würden hier den Rahmen im wahrsten Sinne des Wortes sprengen. Eher geeignet sind Pflanzen, die kompakt wachsen und sich auch nicht zu sehr durch Ableger und Ähnliches vermehren. Man sollte in einer Palette von Pflanzen bleiben, die ein kleines Wurzelwerk (Kriech- oder Faserwurzeln) und die gleichen kulturellen Anforderungen (Klima, Lichtansprüche, Wasserbedarf, Nährsalzbedarf) aufweisen. Wählen Sie am besten Pflanzen, die in jede Richtung nicht größer als 30 cm werden. Für besondere Effekte können Sie auch Kletterpflanzen oder hängende Pflanzen einsetzen, die aber so platziert werden sollten, dass sie andere nicht bedrängen. Hängende Pflanzen kommen also in den untersten Bereich und wachsen im günstigsten Fall malerisch über den unteren Rahmen hinweg.

WANDBILDER IM GARTEN

Besonders gut eignen sich horstartig oder polsterförmig wachsende kleine Stauden, Gräser und Farne mit wenig Ausbreitungsdrang. Viele Bodendecker scheiden damit schon aus, weil sie sich durch Ausläufer verbreiten und sehr schnell die anderen Pflanzen bedrängen. Besonders oft wird man im Sortiment der alpinen Pflanzen fündig, wobei es dort auch einige Spezialisten für den Schatten gibt. Ob Sie sich für Blütenpflanzen oder solche entscheiden, die vielmehr durch ihr dekoratives Laub wirken, ist Geschmackssache. Aber ein Pflanzenbild, das alleine durch die kunstvolle Zusammenstellung unterschiedlicher Laubfarben auffällt, ist schon etwas Besonderes, vor allem wenn es sich um immergrüne Stauden handelt. Unter den Gräsern, im Besonderen unter den Seggen *(Carex)* finden sich zahlreiche hübsche Arten, die klein bleiben und eine ausgewogene polsterförmige Wuchsform besitzen. An feuchten, schattigen Standorten können auch Moose und Farne in Pflanzenbildern kombiniert werden, so wie sie auch an ihren Naturstandorten auf Waldböden gedeihen. In sonnigen Bereichen bieten sich andere Gattungen an. *Sedum* ist beispielsweise unglaublich vielgestaltig und viel zu schade, um nur in der Dachbegrünung eingesetzt zu werden. Zudem benötigen sie als sukkulente Pflanzen kaum Pflege und nur sehr wenig Wasser. Eine automatische Bewässerung ist hier eigentlich nie nötig.

SETZKÄSTEN FÜR DIE SAMMLUNG

Ein Pflanzenbild mit einem ausdrucksvollen Rahmen kann auch das Zuhause für eine Sammlung besonderer Pflanzenschätze sein. Hier werden sie im wahrsten Sinne in einem würdigen Rahmen präsentiert. Zu solchen Schätzen gehören beispielsweise die Dachwurze *(Sempervivum)*, von denen es inzwischen unzählige Sorten gibt, die von vielen Pflanzenfreunden mit Hingabe gesammelt werden. Die feinen Unterschiede der zwergigen Sukkulenten kann man am besten auf Augenhöhe betrachten.

STAUDEN UND GRÄSER
Die Klassiker

Hier finden Sie einen kurzen Überblick zu sechs ganz unterschiedlichen Freilandstauden, die sich für grüne Wandsysteme optimal eignen.

SILBERGRAS [1.]
Corynephorus canescens
Aussehen: Die igelförmigen Halmbüschel sind ganzjährig graublau. Ab April erscheinen die graugrünen Spitzen der jungen Blätter, und im Juni folgen die rosa überhauchten, bis 60 cm hohen Blütenstände. Die lockeren Rispen tragen zierliche, nur 3 mm lange Ährchen.
Ansprüche: Das Silbergras ist in ganz Europa heimisch. Es ist eine genügsame Pionierpflanze, die in voller Sonne auf humusfreiem Flugsand wächst, der kaum Nährsalze enthält. Schon von Weitem sind Silbergrasfluren an dem charakteristischen Punktmuster der gleichmäßig auf dem Sand verteilten Grasbüschel erkennbar.
Besonderheiten: Es erträgt im Sommer Sandtemperaturen von 60 °C und benutzt seine aufrechten Blattbüschel, um Tau- und Regenwasser zu den Wurzeln zu leiten. Die gerollten Blätter schützen zusätzlich gegen Wasserverlust.

BRAUNER STREIFENFARN [2.]
Asplenium trichomanes
Aussehen: Der heimische Streifenfarn kann bis zu 30 cm hoch werden und wächst halbimmergrün. In milden Wintern behält er seine frischgrünen zierlichen Wedel. Sehr markant ist die schmale braune Mittelrippe.
Ansprüche: Am besten entwickelt er sich an absonnigen bis halbschattigen Standorten, ohne die pralle Mittagssonne des Sommers. Im vollen Schatten wächst er nur langsam. Er bevorzugt humose Erde und frische bis feuchte Standorte ohne Staunässe, ist aber auch trockenheitsverträglich.
Besonderheiten: Der Farn ist konkurrenzschwach und sollte nicht mit schnell wachsenden Stauden, die ihn überwuchern können, kombiniert werden.
Im Garten eignet er sich für das Beet, den Steingarten sowie zum Begrünen von Mauerritzen.

FETTHENNE [3.]
Sedum-Arten und Hybriden
Aussehen: *Sedum* zeichnet sich durch eine attraktive üppige Blüte und ihr farbenfrohes Laub aus. Die ornamentalen sukkulenten Blattrosetten sind aber auch ohne Blüte eine Zierde, da die Blattfarben je nach Art von Graugrün, Grün, Gelb über Kupferrot bis hin zu einem silbrigen Farbton reichen können.
Ansprüche: Die anspruchslosen Stauden fühlen sich auf sonnigen, durchlässigen Böden wohl und bilden dort dichte Kissen.
Besonderheiten: Die Gattung *Sedum* umfasst rund 500 Arten, die vorwiegend in nördlichen Breitengraden vorkommen. Einige Arten sind schon seit Langem in unseren Gärten heimisch,

insbesondere teppichbildende Arten, die auf Mauern und Dächer gesetzt werden.

Viele kleinwüchsige *Sedum*-Arten färben sich im Herbst nochmals in attraktiven Farben, so die Sorte 'Coral Carpet' *(Sedum album)*, die von Grün zu einem intensiven Korallenrot wechselt und damit zusätzlich für Farbe im herbstlichen Garten sorgt.

JAPANSEGGE [4.]
Carex hachijoensis

Aussehen: Die Japansegge ist ein horstbildendes Gras, dessen Blätter eine Höhe von etwa 30 cm erreichen. Ihre Blätter sind bogig überhängend und schmal, was der Pflanze eine sehr filigrane und elegante Form verleiht. Die Blüte der Japansegge, die im Frühjahr erscheint, ist eher unscheinbar.

Ansprüche: Die Japansegge wünscht einen schattigen Standort, das Substrat sollte nährstoffreich und frisch sein und nie völlig austrocknen, aber auch nicht zu nass sein.

Besonderheiten: Bei der Sorte 'Evergold' sind die Blätter mit einem breiten, hellgelben bis leicht cremefarbenen Mittelstreifen versehen, was die schlanke Form der Blätter noch unterstreicht.

ROTES PURPURGLÖCKCHEN [5.]
Heuchera micrantha

Aussehen: Die Pflanzen des winterharten Roten Purpurglöckchens bilden dichte, halbrunde Polster und können sich durch Ausläufer verbreiten. Die Blätter sind schimmernd, herzförmig mit gezackten Einbuchtungen und wintergrün. Je nach Sorte können sie unterschiedlich gefärbt sein. Das Purpurglöckchen blüht im Hochsommer, die zierlichen Blütenglöckchen schweben dabei wie Wolken über dem Laub. Bei den meisten Arten und Sorten sind die Blüten rötlich, es gibt aber auch wunderschöne *Heuchera*-Arten mit weißen und gelben Blüten.

Ansprüche: Die Gattung *Heuchera* stammt aus Mexiko und Nordamerika und wächst dort überwiegend an beschatteten Felsen. Das Rote Purpurglöckchen bevorzugt einen halbschattigen Standort und humosen, mäßig feuchten und gut dränierten Boden, der keinen zu hohen pH-Wert aufweisen sollte.

Besonderheiten: Die bekannte Sorte 'Palace Purple' hat dunkelrotes Laub. Es gibt noch weitere Sorten, deren Laubfärbungen sich im Farbspektrum hell braunrot bis tief schwarzrot bewegen.

GEMEINER RIPPENFARN [6.]
Blechnum spicant

Aussehen: Mit etwa 20 cm Wuchshöhe zählt der Gemeine Rippenfarn zu den kleinen Farnen. Lediglich die sporentragenden Farnblätter ragen mit 60 cm sichtbar heraus, zumal diese strikt aufrecht wachsen. Die Wedel sind dunkelgrün und wirken durch die starke Fiederung sehr zierlich.

Ansprüche: Der Gemeine Rippenfarn, ist über die gesamte Nordhalbkugel verbreitet, absolut winterhart und besiedelt feuchte und dunkle Wälder, wo er in humoser und saurer Erde wächst. Im Garten eignet er sich als Unterwuchs an schattigen Standorten.

Besonderheiten: Die Farngattung der Rippenfarne umfasst über 200 Arten, von denen nur eine einzige Art auch in Mitteleuropa vorkommt. In früheren Zeiten galten Farne als Zauberpflanzen, da man nichts über ihren ungewöhnlichen Vermehrungszyklus wusste und die Vermehrung im Garten aus diesem Grunde nicht gelang.

[4.]

[5.]

[6.]

[a]

↘ SO GEHT'S

[a] SKURRIL In England schmücken viele Hausbesitzer ihre Hauswände mit Hanging Baskets. Eine solche Blütenpracht ist allerdings auch dort eher die Ausnahme.

[b] AB INS KÖRBCHEN ... ist das Motto bei dieser Mauerverschönerung durch farbenfroh und lukullisch bepflanzte hängende Körbe.

[c] *DICHONDRA* 'SILVER FALLS' Überhängend wachsende Blattschmuckpflanzen sind eher zurückhaltende Schönheiten, aber trotzdem sehr wirkungsvoll.

[b]

[a]

HÄNGENDE GÄRTEN

Inspirationen zum Nachmachen

Mit den „Hängenden Gärten" ist in diesem Fall nicht das gleichnamige sagenumwobene Weltwunder Babyloniens gemeint, sondern Pflanzen, die aufgehängt werden. Dies meist in Ampeln oder Hanging Baskets.

PFLANZEN IN HÄNGENDEN KÖRBEN

An Mauern und Wänden können nicht nur Pflanzen von unten her emporranken oder in daran befestigten Pflanztaschen wachsen. Sie können auch in Körben, Eimern, Töpfen und sonstigen geeigneten Behältern frei aufgehängt, kultiviert werden. Vor allem die sogenannten Hanging Baskets haben eine lange Tradition, die nun langsam aus England zu uns herüberschwappt [→ a]. Überall, an Hauswänden, Mauern, Laternenmasten und sonstigen geeigneten Befestigungsmöglichkeiten sieht man die üppig bepflanzten Körbe. Anders als die bekannten Blumenampeln werden sie nicht nur von ober her, sondern rundum bepflanzt, vor allem mit einjährigen Beet- und Balkonblumen, aber auch mit Gemüse, Kräutern, Stauden und rankenden Gehölzen.

PFLANZEN AUF AUGENHÖHE

Blumenampeln sind eigentlich nichts anderes als Pflanzgefäße mit einer Vorrichtung zum Aufhängen. Meist handelt es sich um runde Gefäße, die mit Ketten oder Seilen an einem Haken befestigt werden. Damit sie im richtigen Abstand zur Wand hängen, hängt man sie an entsprechend langen „Auslegern" auf, die es in schlichten wie auch in aufwendig verzierten Ausführungen im Handel gibt. In ihnen wachsen meist überhängende Sorten der gängigen Balkonpflanzen, also Geranien, Petunien, Zauberglöckchen und andere aus dem riesigen Angebot. Vor allem, wenn die Körbe sehr hoch angebracht sind, kommen die kaskadenartig überhängenden Pflanzen am besten zur Geltung.

Es spricht aber nichts dagegen, ganz normale, buschig wachsende Pflanzen hängend zu kultivieren. Im abgebildeten Beispiel können Sie Stiefmütterchen und die verschiedensten Kräuter erkennen. Das Besondere ist die Menge der Körbe, die an der Mauer nebeneinander angebracht sind [→ b].

VON OBEN HERAB

Pflanzen mit langen hängenden Trieben sind nicht nur in der Kombination mit buschig oder aufrecht wachenden dekorativ, sondern auch für sich allein, vor allem wenn man sie in großer Anzahl verwendet. Im gezeigten Beispiel wächst Silberregen (Dichondra argentea), eine wüchsige Blattschmuckpflanze, wie ein Wasserfall von den Holzbalken einer Pergola herab [→ c].

LEICHTER GIESSEN Das Gießen weit oben hängender Ampeln und Körbe ist nicht ganz einfach. Wasserspeichermatten und Wasserreservoirs ermöglichen längere Gießintervalle. Nützlich ist ein langer Gießstab, der an den Wasserschlauch angeschlossen wird, und mit dem man auch größere Höhen erreicht.

EINE AMPEL BEPFLANZEN

mit Moos und Efeu

Als Ampel bezeichnet man in der Regel einen Draht- oder Gitterkorb,
der bepflanzt und anschließend mittels Kette oder Seil aufgehängt wird.
Hier wird er auf eine besondere Art und Weise bepflanzt.

BEPFLANZUNG VORBEREITEN

Im Gartencenter oder in der Gärtnerei finden Sie häufig Fertigpackungen, in denen alle wichtigen Utensilien enthalten sind.
Die üblichen Drahtkörbe haben einen Durchmesser von 30 bis
50 cm. Manche sind bereits mit Folie ausgekleidet. Schöner und
natürlicher wirken aber dunkel gefärbte Vliese [→ b] oder Matten
aus Kokosfasern, Moos [→ c] oder Heu. Diese haben auch den
Vorteil, dass sie wasserdurchlässig sind und dafür sorgen, dass
das eingefüllte Substrat nicht vernässt.
Wirkungsvoll ist auch ein zweischichtiger Aufbau. Dazu füllen
Sie als erste Schicht Moos in den Korb, das dann von außen
sichtbar ist. Darauf kommt ein wasserspeicherndes Vlies, das
auch in Balkonkastensystemen häufig verwendet wird. Es verhindert, dass beim Gießen das Wasser zu schnell wieder abläuft
und die Erde dadurch nicht optimal durchfeuchtet würde [→ a].

DAS BEPFLANZEN

Anschließend können Sie zunächst den Boden des Korbes mit
Substrat befüllen. Das Besondere an Hanging Baskets ist, dass
die Pflanzen nicht nur oben eingesetzt werden, sondern auch
von der Seite. Auf diese Weise wächst der Korb rasch zu und ist
dann auch von der Unterseite aus betrachtet kaum noch zu sehen zwischen den Pflanzen. Rankende und hängende Pflanzen

schieben Sie dazu vorsichtig zwischen den Gittern hindurch
[→ d]. Verteilen Sie sie gleichmäßig über die gesamte halbkuge-
lige Oberfläche. Verwenden Sie Vlies oder eine Matte, schneiden
Sie diese kreuzförmig ein, sodass der Wurzelballen gerade hin-
durchpasst. Füllen Sie danach weiteres Substrat ein und bepflanzen Sie anschließend die Oberseite mit weiteren hängenden, aber auch aufrechten Pflanzen [→ e].

WEITERE MÖGLICHKEITEN

Außer den klassischen Drahtkörben, die vor allem in Großbritan-
nien beliebt sind, gibt es auch Pflanzgefäße, die mit einer passenden Aufhängevorrichtung versehen sind und aufgehängt werden können. Neben den schmucklosen Plastiktöpfen sind in den
letzten Jahren zahlreiche dekorative Modelle auf den Markt gekommen, deren Design sich ein wenig an den englischen Origi-
nalen anlehnt, die aber über komfortable Wasserspeicher mit
Wasserstandsanzeigern verfügen, was die Gießintervalle erheblich reduziert.
Übrigens ist es auch möglich, eine dauerhafte Grundbepflan-
zung, zum Beispiel mit Efeu, vorzunehmen, und dazu wechseln-
de Saisonblumen einzufügen, etwa bunte Zwiebelblumen im
Frühling, Pelargonien im Sommer und Chrysanthemen im
Herbst.

[a]

[b]

[c]

↘ SO GEHT'S

[a] **WASSERSPEICHERNDE MATTE** Nachdem der ganze Korb zunächst mit einer Schicht Moos ausgekleidet wurde, kommt die Matte darüber. Sie verhindert das Austrocknen des Substrats.

[b] **VLIES** Als nächstes kommt über die wasserspeichernde Matte ein Vlies. Es hält die Erde beim Gießen im Inneren.

[c] **MOOS** Nun kommt über das Vlies an den Rändern ebenfalls eine Schicht Moos. Mit diesem Material erhält der Korb ein besonders natürliches Aussehen.

[d] **VON DER SEITE** Efeuranken werden von der Außenseite in den Korb gesteckt. Sie bewurzeln in der feuchten Matte sehr schnell.

[e] **FERTIGE BEPFLANZUNG** An der Oberseite werden aufrechte Pflanzen eingesetzt. So wächst der Korb rundherum zu.

[d]

[e]

↘ SO GEHT'S

[a] **AUFHÄNGEN** Zunächst befestigen Sie den leeren Schuhaufhänger an einer geeigneten Wand.

[b] **ERDE EINFÜLLEN** Geben Sie mit einer Pflanzschaufel Erde in jede Tasche.

[c] **PFLANZEN EINSETZEN** Pro Tasche wird eine einzelne Gemüsepflanze gesetzt.

[d] **FERTIGE WAND** So sieht der fertig bepflanzte Wandschmuck aus. Einen konkreten Bepflanzungsvorschlag finden Sie auf der rechten Seite.

[e] **ANGIESSEN** Nach dem Einpflanzen ist ein gründliches Angießen unerlässlich, damit die Pflänzchen gut anwachsen.

EINE GEMÜSEWAND GESTALTEN

Schuhaufhänger mal anders

Anhand dieser großen Wandlösung mit insgesamt 20 Pflanztaschen soll eine mögliche Bepflanzung mit Gemüse vorgestellt werden. Schon nach kurzer Zeit wird mehr Grün als Weiß zu sehen sein.

DIE LEERE PFLANZTASCHE

Im unbepflanzten Zustand ist die Konstruktion dieser Pflanztaschenlösung gut zu erkennen. An der Schuhaufhängerrückwand sind fünf Reihen mit jeweils vier Taschen angebracht, die mit Substrat und Pflanzen befüllt werden sollen. Oben sind drei stabile Ösen integriert, mit denen der Aufhänger an einer Wand befestigt wird [→ a]. Mit Substrat und Bepflanzung ist die Konstruktion kein Leichtgewicht mehr, darum ist eine Aufhängung an drei Haken nicht übertrieben.

SUBSTRAT EINFÜLLEN

Als Erstes kommt das Pflanzsubstrat in die Pflanztaschen [→ b]. Befüllen Sie jede Tasche zu etwa ⅘, denn es kommt ja noch der Wurzelballen der Pflanze hinzu. Je nach Art der vorgesehenen Pflanzen kommen unterschiedliche Substrate zum Einsatz. Für Gemüse eignet sich am besten ausreichend vorgedüngte Blumenerde mit einem guten Humusanteil. Die können Sie fertig kaufen, aber auch selbst zusammenmischen. Im Pflegekapitel auf S. 124 finden Sie mehrere Rezepte für die eigene Substratmischung.

EINPFLANZEN

Als Nächstes kommen die vorgesehenen Pflanzen in die Pflanztaschen. Im gezeigten Beispiel ist geplant, die komplette Wand mit Gemüse zu bepflanzen. Die einzelnen Arten werden dabei nicht in die gleichen Reihen gesetzt, sondern bunt durcheinander [→ c]. Vor allem, wenn Gemüsearten verwendet werden, die sich im Hinblick auf Blattfärbung und Habitus unterscheiden, erreichen Sie auf diese Weise ein abwechslungsreicheres Gesamtbild.

FERTIGE GEMÜSEWAND

Die frisch eingesetzten Pflänzchen sind noch klein und verschwinden optisch beinahe in den Taschen [→ d]. Das ändert sich aber bald, denn sie legen schnell an Größe zu. Nach der Bepflanzung sollten Sie alle Gemüsepflanzen gut wässern, damit sie zuverlässig anwachsen [→ e]. Überschüssiges Gießwasser fließt an den Unterseiten der Taschen durch das durchlässige Gewebe ab.

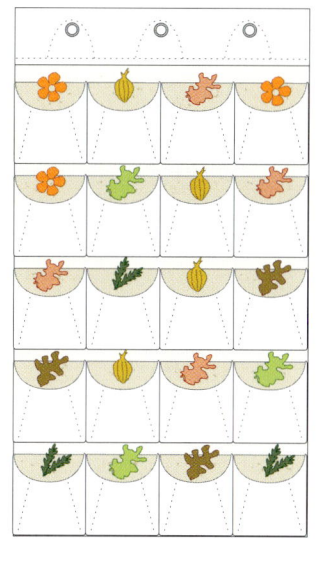

 3 × Kleine Kapuzinerkresse (*Tropaeolum minus*)

 4 × Frühlingszwiebeln (*Allium fistulosum*)

 4 × Lollo rosso (siehe S. 98)

 3 × Lollo bionda (siehe S. 98)

 3 × Rucola (siehe S. 98)

 3 × Eichblattsalat (*Lactuca sativa var. acephala*)

GEMÜSE VON DER WAND

Gesund und lecker

Leckeres, knackiges Gemüse, pflückfrische Salate, aromatische Tomaten und richtig ausgereifte Paprika – das ist auch in Hängekörben und Wandsystemen ohne größere Probleme möglich.

GEEIGNETE GEMÜSESORTEN

NAME	KULTUR	VERWENDUNG
Paprika und Pepperoni (*Capsicum annuum*)	Vorkultur unter Glas, auspflanzen ab Mitte Mai	Frischverzehr, Salat, zum Verfeinern von Speisen
Zucchini (*Cucurbita pepo* subsp. *pepo*)	Vorkultur oder Einzelaussaat in Töpfe	unentbehrlich in der Mittelmeerküche
Radieschen (*Raphanus sativus* var. *sativus*)	Direktsaat in Reihen	Frischverzehr, im Salat
Mairübchen (*Brassica rapa* subsp. *rapa* var. *majalis*)	Direktsaat in Reihen	als Beilage, in Suppen und Eintöpfen
Kohlrabi (*Brassica oleracea* var. *gongylodes*)	Vorkultur im Anzuchtkasten, danach Vereinzelung	Frischverzehr, als Beilage, auch überbacken, in Suppen
Spinat (s. rechts) (*Spinacia oleracea*)	Direktsaat in Reihen	gekocht als Beilage

PLATZ IST ÜBERALL

Besonders wärmeliebende Arten, deren Heimat in Südeuropa oder gar in tropischen Gefilden liegt, gedeihen auf dem geschützten, sonnigen Balkon noch besser als im Garten.

AUF KLEINSTEM RAUM

Zahlreiche Gemüsearten benötigen nicht viel Platz und eignen sich daher ohne Einschränkung auch für Pflanztaschen und kleine Töpfe. Ganz besonders kann man schnellwüchige Wurzelgemüse wie Radischen und Mairübchen empfehlen. Die gängigen Sorten benötigen unter der Erde lediglich 15 bis 20 Zentimeter Platz. Zudem lassen sie sich direkt ohne weitere Vorkultur aussäen, wenn man auf genügend großen Abstand achtet. Konkret sollte der Abstand untereinander mindestens fünf Zentimeter betragen, damit sich die Wurzeln gut entwickeln können. In einer kleinen Pflanztasche finden also schon einige von ihnen Platz.

BLATTGEMÜSE

Auch die verschiedenen Pflücksalate, Spinat und Asia-Mischungen wachsen problemlos auf kleinstem Raum, denn bevor sie zuviel Blattmasse bilden, werden sie bereits geerntet, und das gleich mehrfach. Sie werden ebenfalls direkt in den Behältern ausgesät, in denen sie auch weiterwachsen. Wer sich wegen der richtigen Aussaatabstände unsicher ist, kann auch auf Saatscheiben zurückgreifen. Auf einem Vlies sind die Samenkörner bereits in den richtigen Abständen aufgebracht. Das Vlies können Sie einfach passend für Pflanztaschen und Töpfe zurechtschneiden, auf die Erdoberfläche legen, mit einer dünnen Schicht Substrat bedecken und angießen. Die neuen Sorten sind nicht nur wohlschmeckend, sondern auch appetitlich anzusehen und zeichnen sich durch Robustheit und Widerstandsfähigkeit aus. Außerdem werden sie schneller reif.

MEHRMALS ERNTEN

Wie im Beet, können Sie mehrere Ernten in einer Saison einfahren. Radieschen sind bereits sechs bis acht Wochen nach der Aussaat erntereif, außerdem können Sie sie bereits ab April aussäen. Rucola, unentbehrlich in der italienischen Küche, wächst ständig nach, wenn man jeweils nur einen Teil der Blätter für den Gebrauch schneidet.

NÄHRSTOFFBEDARF VON GEMÜSE

Gemüse werden in Stark-, Mittel- und Schwachzehrer eingeteilt. Für die Düngung ist es wichtig zu wissen, welche Gemüse viele und welche weniger Nährstoffe benötigen. Ansonsten kann es zu einem erhöhten Befall mit Krankheiten und Schädlingen kommen. Bekommen Starkzehrer zu wenig Dünger, kümmern sie leicht und werden nicht richtig reif. Starkzehrer wie Tomaten, Sellerie und Brokkoli haben meist eine lange Vegetationszeit und benötigen dementsprechend viele Nährstoffe um auszureifen. Mittelzehrer wie Möhren, Spinat und Salat haben eine mittlere Vegetationszeitund benötigen dementsprechend weniger Nährstoffe. Schwachzehrer wie Feldsalat, Radieschen und Rucola haben meist eine kurze Vegetationszeit und gedeihen auch im mageren Substrat.

[1.]

[2.]

[3.]

KNACKIG ODER FEIN

Abwechslungsreiche Salate

Unsere heutigen Salatsorten sind fast alle aus dem Garten-Lattich entstanden, der schon in der Antike, damals aber als Heilpflanze, angebaut wurde.

LOLLO ROSSO [1.]

Lactuca sativa var. *crispa*

Aussehen: Zur Gruppe der Schnitt- oder auch Pflücksalate gehört diese beliebte Sorte. Traditionell kommt Schnittsalat aus Italien, aber gerade Lollo rosso ist hierzulande so beliebt, dass er vermehrt auch hier angebaut wird. Schnittsalate bilden keine Köpfe, sondern einzelne Blätter, meist in einer lockeren Rosette. Die Blätter der Sorte sind dunkelbraun bis rot und haben gezackte Blattränder.

Anzucht: Die eigene Anzucht ist nicht schwierig. Sie können Lollo rosso ab Februar unter Glas oder ab April im Freiland die ganze Saison über aussäen und bei entsprechender Größe die Blätter kontinuierlich ernten. Im Frühling findet man beim Gärtner auch häufig Jungpflanzen.

Ernte: Die Blätter werden einfach von außen nach innen abgeerntet. Das hat den Vorteil, dass Sie immer nur so viel abschneiden brauchen, wie Sie zeitnah benötigen.

LOLLO BIANCO [2.]

Lactuca sativa var. *crispa*

Aussehen: Der Lollo bianco ist auch unter dem Namen Lollo bionda im Handel und unterscheidet sich lediglich in der Blattfarbe vom Lollo rosso, ansonsten sind seine Eigenschaften vollkommen identisch. Es lohnt sich auf jeden Fall, beide Sorten anzupflanzen, denn schon im Beet oder im Pflanzkasten wirken sie durch die kontrastierenden Farben besonders attraktiv. Auf den ersten Blick kann man beide übrigens für Kopfsalat halten, aber das wirkt nur so wegen der dicht stehenden, stark gekräuselten Blätter.

Anzucht: Identisch mit der des Lollo rosso. Der ideale Standort ist ein sonniger bis halbschattiger Platz mit nährstoffreichem Boden. Vor allem die Aussaaten im Sommer kommen an einem halbschattigen Standort besser zurecht. Wichtig ist eine gleichmäßige Bewässerung. Wenn nicht regelmäßig gegossen wird, werden die Salatblätter oft hart. Außerdem neigen die Pflanzen zum Schießen. Düngen sollte man am besten organisch, allerdings eher sparsam, denn Salat ist kein Starkzehrer. Mulchen ist günstig, denn so wird die Bodenfeuchtigkeit erhalten. Bei großer Hitze ist es günstig, ein Vlies oder eine leichte Folie über die Pflanzen zu decken, vor allem um zarte Jungpflanzen zu schützen.

Ernte: Siehe Lollo rosso [1].

RUCOLA [3.]

Eruca sativa

Aussehen: Rucola ist ein Blattsalat aus dem Mittelmeerraum und gehört im Gegensatz zu den klassischen Salaten zur Familie der Kreuzblütler. Er ist auch unter dem Namen Rauke bekannt, wobei es die mildere Gartenform und die Wildform gibt, die sich durch einen höheren Gehalt an gesunden Senfölen und damit einen intensiveren Geschmack auszeichnet. Charakteristisch für Rucola sind die tiefgrünen, länglichen Blätter.

Anzucht: Rucola ist anspruchslos und daher leicht zu kultivieren. Er wird reihenweise im Abstand von drei bis vier Wochen ausgesät. Gedüngt werden sollte, wenn überhaupt, nur sparsam und er kommt auch mit weniger Feuchtigkeit im Boden aus als die anderen Salate. In jedem Fall benötigt er einen sonnigen Standort.

Ernte: Geerntet wird, bevor sich die Blütenstängel entwickeln. Dazu schneidet man die Blätter büschelweise direkt über der Erde ab.

KOPFSALAT [4.]
Lactuca sativa var. *capitata*

Aussehen: Kopfsalat ist der Klassiker unter den Salaten. Er bildet je nach Sorte feste oder lockere Köpfe aus. Einige Sorten eignen sich speziell für den Anbau im Frühling, andere gedeihen auch im heißen Hochsommer, ohne Blüten anzusetzen. Hierzu gehören interessanterweise etliche rotbraune Sorten, die offensichtlich mit starker Sonneneinstrahlung besser zurechtkommen. Eine weitere Gruppe ist besonders winterhart und wird in den Herbstmonaten ausgesät und an geschützter Stelle oder im Frühbeetkasten überwintert.

Anbau: Die Ansprüche sind identisch mit denen von Pflücksalat. Für eine gute Entwicklung aller Salate ist vor allem ausreichende und regelmäßige Bewässerung nötig, denn sie entwickeln relativ oberflächliche Wurzeln. Dies macht sie aber umso geeigneter für die Kultivierung in Pflanztaschen und anderen Systemen.

Ernte: Kopfsalate werden immer als Ganzes geerntet, wenn die Köpfe sich gut ausgebildet haben.

RÖMERSALAT [5.]
Lactuca sativa var. *longifolia*

Aussehen: Zu der Zeit um Christi Geburt kannte man im Römischen Reich bereits Römer- oder Bindesalat. Er bildet keine geschlossenen Köpfe aus, sondern eine lockere Rosette mit aufrecht stehenden Blättern. Sein Geschmack ist kräftig und etwas herb. Um zarte innere Blätter zu bekommen, band man früher die Salatpflanzen oben zusammen, daher leitet sich auch die Bezeichnung Bindesalat ab. Für den knackigen Römersalat gibt es je nach Region diverse Zweitnamen wie „Romana" und „Sommerendivie". Der Römersalat gehört in Italien, Spanien und Frankreich zu den wichtigsten Salat- und Gemüsesorten.

Anbau: Sie können ihn ab Februar unter Glas oder ab April im Freiland die ganze Saison über aussäen. Die kräftigen Jungpflanzen werden dann im Abstand von 30 cm ausgepflanzt.

Ernte: Sobald die Blätter kräftig und knackig erscheinen, werden die ganzen Pflanzen geerntet.

FELDSALAT [6.]
Valerianella locusta

Aussehen: Diese Salatspezialität gehört zu einer völlig anderen Pflanzenfamilie, nämlich zu den Baldriangewächsen. Je nach Region ist Feldsalat auch als Ackersalat oder Rapunzel bekannt und wird erst seit knapp 150 Jahren zum Verzehr angebaut. Seine löffelförmigen dunkelgrünen Blätter schmecken angenehm nussig und sind ein typischer Salat für die Herbst- und Wintermonate.

Anbau: Ab dem späten Sommer bis in den Winter hinein können Sie Feldsalat dünn in Reihen aussäen, dann brauchen Sie die Jungpflanzen später nicht vereinzeln.

Ernte: Die ersten Aussaaten sind dann ab Oktober erntereif, die Aussaaten ab Oktober erst ab dem darauffolgenden Februar. Gegen Kälte ist er unempfindlich und kann auch im Balkonkasten draußen stehen bleiben.

[4.]

[5.]

[6.]

LECKERES KLETTERGEMÜSE

geht in die Höhe

Gurken, Zucchini, Bohnen und Kapuzinerkresse sind ideale Kletterer für eine tolle Sichtschutzwand: Hübsches Blattwerk mit zauberhaften Blüten und schmackhaftem Erntegut inklusive.

WEITERE KLETTERNDE GEMÜSEARTEN

NAME	KULTUR	WISSENSWERTES
Inkagurke (Cyclanthera pedata)	Vorkultur unter Glas ab April, auspflanzen Mitte Mai	Kürbisgewächse aus Peru; können wie Gurken verwendet werden
Bohnen (Phaseolus vulgaris)	Direktsaat im Mai oder Vorkultur in Töpfen	rot oder violett blühend; benötigt hohe Stäbe, windet sich darum herum
Feuerbohnen (s. rechts) (Phaseolus coccineus)	Direktsaat im Mai oder Vorkultur in Töpfen	Blüten orangerot, sehr starker Wuchs; Blüten, abgekochte Hülsenfrüchte und getrocknete Samen essbar
Erbsen (Pisum sativum)	Direktsaat ab April	einige Sorten klettern bis zu 150 cm hoch
Kapuzinerkresse (Tropaeolum majus)	Direktsaat ab April	auf kletternde Sorten achten; essbare Blüten und unreife Früchte als Kapernersatz
Stachelgurke (Echinocystis lobata)	Vorkultur unter Glas, auspflanzen Mitte Mai	stachlige Früchte schmecken süß und sind lange lagerfähig

KLETTERNDES GEMÜSE

Es handelt sich dabei um einjährige Pflanzen, die niederliegend und kletternd wachsen und ein bis zwei Meter lang werden können. Moderne Sorten wachsen allerdings wesentlich gedrungener und kompakter. Die Pflanzen sind borstig behaart, die recht großen, mehrlappigen Blätter sind gestielt und ebenfalls behaart.

GURKEN

Bei den Gurken (Cucumis sativus) unterscheidet man zwischen den länglichen Schlangengurken, die meist roh als Salatzutat verwendet werden, und den viel kleineren Einlegegurken, die meist süß-sauer konserviert werden. Allerdings sind die Übergänge fließend, natürlich können Sie auch die kleinen Einlegegurken roh essen. Es gibt außerdem auch besondere Sorten wie die gelb reifende Zitronengurke, die mit einem sehr süßen Geschmack überrascht.

BALKONTAUGLICHE SORTE 'ARMENIAN YARD'

Eine historische Gurke, die um 1850 von armenischen Einwanderern in die USA gebracht wurde und dort bis heute angebaut wird. Die hellgrünen Früchte werden sehr lang, man erntet sie aber am besten bei einer Größe von 40 cm. Die gerippte Schale ist sehr weich, daher brauchen die Früchte

nicht geschält zu werden. Die sehr robuste
Sorte ist bestens für die Freilandkultur geeignet. An einem leichten Rankgerüst bindet
man die Triebe fest, damit die Früchte keinen Kontakt zum Boden oder Substrat haben, denn dadurch erhöht sich die Krank-
heitsanfälligkeit.

ZUCCHINI UND KÜRBIS

Zucchini *(Cucurbita pepo)* sind genau genommen eine Unterart des Kürbis mit
meist länglichen Früchten, die am besten
schmecken, wenn man sie nicht ausreifen
lässt, sondern bereits erntet, wenn sie noch
klein und damit besonders zart sind. Es gibt
aber auch runde Formen und solche, deren
Früchte wie kleine Ufos aussehen. Diese
Patissons werden zwar oft zu den Kürbissen
gezählt, stehen vom Geschmack aber den
Zucchini näher. Für den Balkon sind diejenigen Sorten am besten geeignet, die keine
starken Ranken ausbilden, sondern eher
gemäßigt klettern.

ZUCCHINI 'BLACK FOREST'

Diese moderne F1-Hybride ist eine Besonderheit unter den balkontauglichen Zucchini,
denn sie klettert bis zu 1,5 m hoch. An Toma-
tenstäben oder Schnüren hangeln sich die
langen Triebe empor, an denen sich zahlreiche Früchte entwickeln. Die Pflanzen benötigen einen sonnigen, windgeschützten
Standort.

'ZAPALLITO'

Hierbei handelt es sich um einen kletternden
Kürbis mit kugelrunden grünen Früchten, die
am besten schmecken, wenn man sie ganz
jung erntet. Dann kann man sie auch genau
wie Zucchini in der Küche verwenden.

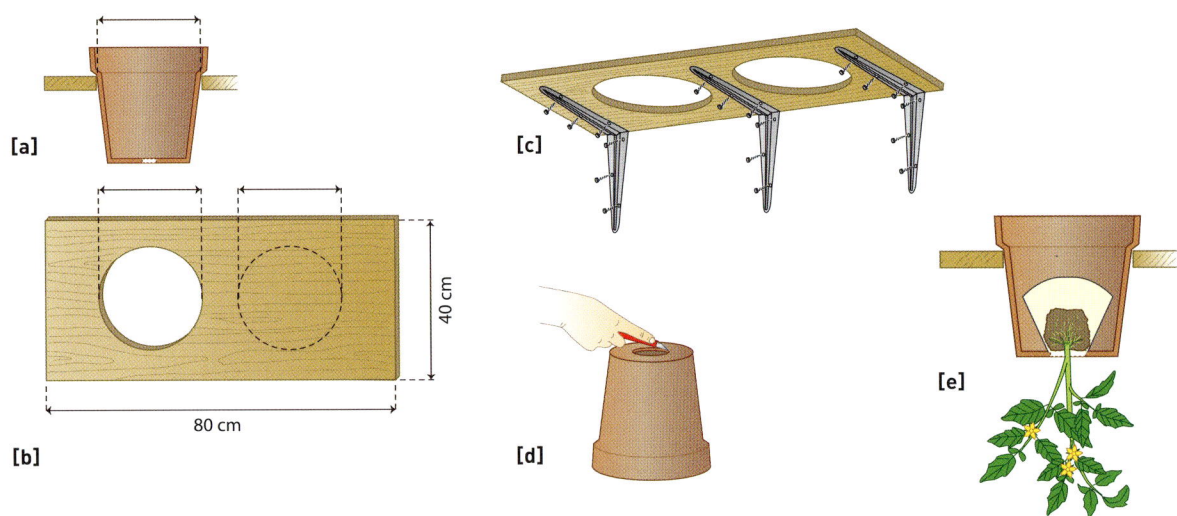

[a]

[b]

80 cm

40 cm

[c]

[d]

[e]

↘ SO GEHT'S

[a] **MASS NEHMEN** Der obere Durchmesser des Topfes muss ein wenig größer sein als der Ausschnitt im Brett.

[b] **AUSSCHNEIDEN** Mit der Stichsäge werden die vorgezeichneten Kreise ausgesägt.

[c] **WANDHALTER ANBRINGEN** Damit das Brett an der Wand befestigt werden kann, werden stabile Winkel angeschraubt.

[d] **TOPFLOCH VERGRÖSSERN** Das Loch im Boden des Topfes wird auf 60 mm vergrößert.

[e] **BEPFLANZEN** Die nach unten hängende Pflanze wird in einen Kaffeefilter gepflanzt, damit die Erde nicht herausrieselt.

[f] **FERTIGES REGAL** Oben Kräuter, unten Tomaten, das sieht nicht nur gut aus, sondern schmeckt auch gut!

[f]

TOMATEN IM TOPF

alles steht Kopf

Leckere Tomaten, die Ihnen direkt von oben in den Mund wachsen?
Was nach einem Leben im Schlaraffenland klingt, wird mit dieser selbst
gebauten Pflanzidee zur Realität.

DAS BRAUCHEN SIE

Wer nur wenig Platz hat, aber trotzdem Wert auf eine möglichst
reiche Ernte legt, kann einen Pflanztopf auch von zwei Seiten
nutzen. Ein schmales Stück freie Wand genügt, um ein Regal mit
zwei integrierten Töpfen anzubringen, aus denen an der Unterseite Tomaten herauswachsen, während oben weitere Pflanzen
ihren Platz finden. Mit wenigen Handgriffen ist es an einem
Nachmittag gebaut. Sie benötigen dafür folgendes Material und
Zubehör:

• zwei Tontöpfe für die Bepflanzung,
• ein Holzbrett mit den Maßen 40 × 80 cm mit einer Dicke von
  mindestens 1 cm
• drei Winkel, um das Brett an der Wand zu befestigen
• die nötige Anzahl an Schrauben und Dübeln (abhängig von
  den vorgebohrten Löchern in den Winkeln)
• eine Bohrmaschine mit Dosenbohrer-Aufsatz
• eine Stichsäge
• Bleistift und Wasserwaage

SCHNELL GEBAUT

Wählen Sie zwei gleiche Tontöpfe aus, die am oberen Rand einen
Durchmesser von mindestens 25 cm, aber nicht mehr als 30 cm
haben sollten und die sich nach unten verjüngen, also schmaler
werden. Am besten eignen sich Töpfe mit einem besonders aus-
geprägten Rand. Als Holz für das Brett ist eine wasserfest ver-
leimte Multiplexplatte optimal, Sie können aber natürlich auch
Echtholz verwenden, das sie zuvor komplett, auch an den Kanten,
wasserfest lackiert haben.
Messen Sie nun den genauen Umfang der beiden Tontöpfe entweder 5 cm unterhalb des oberen Randes (wenn es sich um einen
Topf ohne Rand handelt) oder direkt unter der Randwulst [→ a].
Sägen Sie anschließend zwei Ausschnitte in das Brett. Die Abstän-
de von den Seitenkanten sollten dabei an allen Seiten etwa gleich
sein [→ b]. Im nächsten Schritt werden die Winkel an die vorgesehene Unterseite des Brettes geschraubt. Eventuell müssen Sie
die Löcher für die Schrauben im Holz vorbohren [→ c]. Halten Sie
das Regal an die vorgesehene Stelle und zeichnen Sie an der
Wand die Löcher durch die Winkel hindurch mit dem Bleistift an.
Eine Wasserwaage sorgt dafür, dass das Ganze auch gerade wird.

DER KAFFEEFILTER-TRICK So hält die Pflanze im Blumentopf: Zunächst wird das Abflussloch unten im Topf
auf einen Durchmesser von 6 cm vergrößert [→ d]. Anschließend drehen Sie den Topf um und legen zuunterst
einen Kaffeefilter ein [→ e]. Erst dann wird die Tomatenpflanze von unten mit dem Wurzelballen vorsichtig
durch den Filter geschoben (diesen dazu kreuzförmig einschneiden). Nun können Sie das Substrat in den Topf
einfüllen und von oben eine weitere Pflanze einsetzen.

PFLANZENTREPPE BAUEN
Schritt für Schritt

Pflanzentreppen sind eine praktische Angelegenheit. Auf ihren Stufen finden zahlreiche Pflanzen in Töpfen Platz und bekommen überall genügend Licht. Kleine Gefäße kann man mithilfe von Haken auch unter die Stufen hängen.

DER RICHTIGE ANLEHNWINKEL

Wer eine alte Leiter besitzt, kann sie ohne viel Aufwand in eine Pflanzentreppe umfunktionieren und ganz flexibel an eine geeignete Wand lehnen. Mit etwas Holz und ein wenig Geschick lässt sich eine solche Pflanzentreppe aber auch recht einfach selbst bauen. Dazu benötigt man zwei längere Latten für die Seitenwangen und vier bis fünf kurze für die Trittstufen, je nach gewünschter Länge der Treppe und dem geplanten Abstand der Stufen. Zunächst wird der Winkel bestimmt, in dem die Treppe an der Wand lehnen soll. Zu senkrecht sollte die Treppe nicht stehen, ansonsten bestünde die Gefahr, dass sie nach vorne kippt, wenn sie, vor allem im oberen Bereich, mit schweren Pflanzen beladen ist. Zu flach darf sie aber auch nicht anlehnen, damit sie nicht wegrutscht. Sinnvoll ist ein Winkel von 20 bis 30 Grad zur Wand. Dieser Winkel wird als Erstes an den Seiten der langen Bretter eingezeichnet, die auf dem Boden stehen sollen. Der entsprechende Gegenwinkel (beide müssen sich zu 90 Grad ergänzen) wird an den oberen Enden eingetragen. Mit einer Stichsäge sauber zusägen [→ a und b].

TREPPENSTUFEN EXAKT EINSETZEN

Als Nächstes werden die Trittstufen zwischen den Wangenbrettern befestigt. Auch muss man auf den richtigen Winkel achten, denn die Stufen sollen ja gerade sein, wenn die Leiter schräg an der Wand lehnt. Am besten zeichnet man den Verlauf der Stufen genau an. Die Stufen sollen von der Seite mit Schrauben befestigt werden. Damit beim Bohren und Schrauben nichts verrutscht, kann man alles zunächst mit Holzleim in der richtigen Position befestigen, die Löcher durch die Wangenbretter in den Stufen vorbohren und danach festschrauben [→ c und d].

PLATZ FÜR GROSSE PFLANZEN

Bei der gezeigten Pflanzentreppe werden große Metalleimer auf den Stufen abgestellt. Damit sie nicht gleich herunterfallen, wenn ein kräftiger Wind weht oder wenn jemand zu dicht daran vorbeigeht, sollten die Eimer an ihrem Henkel durch einen Haken gesichert werden. Dazu verwendet man Haken, in die sich die Griffe der Eimer gut einfügen [→ e]. Die Eimer werden vor der Bepflanzung mit je einem Loch am Boden versehen, damit überschüssiges Gießwasser abfließen kann. Auf der Blumentreppe kommen vor allem Pflanzen mit überhängendem Wuchs sehr gut zur Geltung, etwa Kapuzinerkresse, Cocktailtomaten oder Hängeerdbeeren, die man im Vorbeigehen ernten kann. Doch auch andere Pflanzen haben in den Eimern viel Platz, um ein kräftiges Wurzelwerk auszubilden und besonders kräftig zu wachsen.

[a]

[c]

[d]

[b]

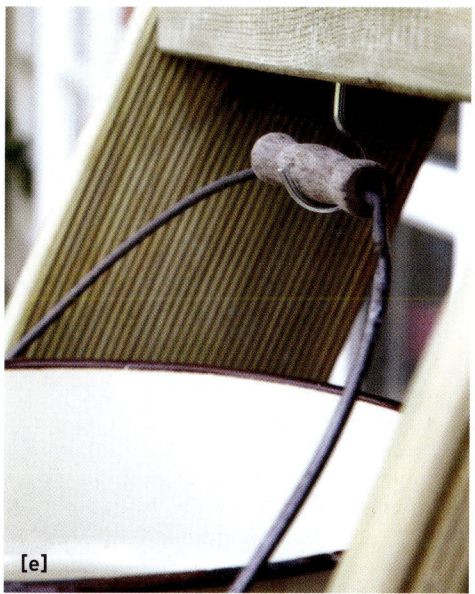

[e]

↘ SO GEHT'S

[a] MESSEN Wichtig ist das exakte Anzeichnen der Winkel, damit die Treppe gut und sicher mit der richtigen Schräge an der Wand lehnt und auch nicht kippelt.

[b] BOHREN Wenn man die beiden Bretter für die Seitenwangen zunächst mit Malerkrepp fest zusammenklebt, bekommt man zwei identisch zugeschnittene Bretter.

[c] SCHLEIFEN Nach dem Zusägen sollten die Sägekanten mit Schleifpapier entschärft werden, um spätere Verletzungen wie Splitter im Finger zu vermeiden.

[d] SCHRAUBEN Bei der Befestigung der Stufen muss man darauf achten, dass diese waagerecht stehen, wenn die Treppe schräg an der Wand lehnt. In entsprechendem Winkel müssen sie angeschraubt werden.

[e] EIMER SICHERN Als Sicherung, damit die Eimer nicht so leicht herunterkippen können, werden die Henkel in Haken eingehängt.

[f] FERTIG Auf der Pflanzentreppe haben selbst üppigere Pflanzen Platz, da durch die Schräglage auch an die unteren Stufen genügend Licht kommt.

[f]

AROMATISCHE KRÄUTER

Die Klassiker

Kräuter verfeinern nicht nur die unterschiedlichsten Speisen, viele duften auch aromatisch und locken Bienen, Hummeln und Schmetterlinge an.

ECHTER THYMIAN [1.]

Thymus × citriodorus

Aussehen: Thymian wächst kompakt-buschig, manchmal auch kriechend, und wird dabei 10 bis 20 cm hoch, aber bis 30 cm breit. Zur Blütezeit von Juli bis September öffnen sich zahlreiche hellrosa bis purpurrosa Lippenblüten

Ansprüche: Thymian wünscht einen sonnigen Standort und ein schwach saures bis schwach alkalisches, trockenes bis frisches, aber immer durchlässiges Substrat.
Ein leichter Rückschnitt im Frühjahr hält die Pflanze kompakt und fördert den frischen Austrieb.

Ernte: Bis zur Blüte kann man die jungen Triebe ernten, die als Heil-, Küchen- und Teekraut und in der Naturkosmetik Verwendung finden. Die ganze Pflanze ist intensiv duftend, lockt Bienen und Schmetterlinge an.

Empfehlenswerte Sorten: 'Amadé', weiß blühend, kriechender Wuchs, bis 10 cm hoch, mit zitronigem Aroma; 'Compactus', hellrosa Blüten, kleinwüchsig, 20 cm hoch.

OREGANO, DOST [2.]

Origanum vulgare

Aussehen: Diese Pflanzen wachsen buschig bis horstbildend, sind 30 bis 60 cm hoch und ebenso breit. Die Blätter sind klein und eiförmig.

Zur Blütezeit von Juli bis September erscheinen hellviolette kleine Lippenblüten.

Ansprüche: Sie benötigen einen sonnigen Standort und ein schwach saures bis schwach alkalisches, mäßig trockenes bis frisches Substrat.
Dost bevorzugt durchlässige, sandig-lehmige, warme Böden mit ausgeglichenem Nährstoffgehalt.

Verwendung: Ab dem Frühjahr können Sie die jungen Triebe ernten, später während der Blütezeit auch ganze Zweige. Die Verwendung als Heil- und Küchenkraut und Naturkosmetik ist möglich. Ebenso eignet sich Dost für eine bunte Beet- und Staudenpflanzung, auch im sonnigen Balkonkasten. Die ganze Pflanze ist intensiv duftend, lockt Bienen und Schmetterlinge an.

Empfehlenswerte Sorten: 'Aromatico', bis 40 cm hoch wachsend, mild im Aroma, auch für Blumensträuße gut geeignet; 'Compactum', niedrig, polsterförmig, intensives Aroma, sehr würzig; 'Thumbles Variety', Aroma eher schwach, attraktives gelbgrünes Laub, bis 30 cm; Französischer Majoran (O. majorana), nicht winterhart, für einjährige Kultur, bis 30 cm.

ROSMARIN [3.]

Rosmarinus officinalis

Aussehen: Rosmarin wächst aufrecht buschig und kann bis zu einen Meter hoch wachsen. Die Triebe verholzen von der Basis her zunehmend. Zur Blütezeit von Mai bis Juni schmückt sich die Pflanze mit zahlreichen hellvioletten Lippenblüten. Das Laub ist dunkelgrün und nadelförmig.

Ansprüche: Die Pflanze benötigt einen sonnigen und geschützten Standort. Das Substrat sollte schwach sauer bis alkalisch, trocken bis frisch und auf jeden Fall durchlässig sein. Der Wasser- und Nährstoffbedarf ist gering. Im Herbst wird der Rosmarin bis zum alten Holz zurückgeschnitten. Vor dem ersten Frost kommt er in ein helles kühles Winterquartier.

Ernte: Ab dem Frühjahr können junge Triebe ohne Blüten geerntet werden. Sie eignen sich frisch und getrocknet für die Küche und als Zutat in Naturkosmetik. Ebenso eignet sich Rosmarin für bunte Beet- und Staudenpflanzungen, auch im sonnigen Balkonkasten.

Empfehlenswerte Sorten: 'Benenden Blue', straff aufrecht, 0,9 bis 1,2 m, intensiv blau; 'Majorcan Pink', aufrecht, 0,9 bis 1,2 m, hellrosa; 'Prostatus', niederliegend bis überhängend.

KAPUZINERKRESSE [4.]
Tropaeolum majus

Aussehen: Kapuzinerkresse ist eine einjährige Pflanze, die kletternd, kriechend oder buschig wachsen kann, je nach Sorte. Sie besitzt großes, schildförmiges Laub. Die Blüten, die von Juli bis Oktober erscheinen, sind gelb, orange oder rot.

Ansprüche: Der Standort sollte sonnig bis halbschattig sein, das Substrat schwach sauer bis alkalisch, frisch und durchlässig. Nährstoff- und Wasserbedarf sind eher hoch.

Ernte: Ab Sommer können Sie die geöffneten Blüten ernten. Sie sind essbar und verleihen vor allem Salaten eine feine Note. Im Herbst geerntete unreife grüne Samenkapseln sind eingelegt ein Ersatz für Kapern.

Empfehlenswerte Sorten: 'Iceland Peach', buschig mit weiß panaschier-

tem Laub, lachsfarbene Blüten; 'Purple Emperor', kletternd, rötliches Laub und prupurlila Blüten.

BASILIKUM [5.]
Ocimum basilicum

Aussehen: Basilikum wächst aufrecht 30 bis 60 cm hoch, die eiförmigen grünen Blätter werden bei einigen Sorten bis zu 4 cm lang. Die Blütezeit ist von Juli bis September. Allerdings blühen etliche Sorten in unseren Breiten nicht. Basilikum ist nicht winterhart und wird meist einjährig kultiviert.

Ansprüche: Der Standort sollte sonnig und geschützt sein, das Substrat schwach sauer bis schwach alkalisch, frisch aber durchlässig. Wichtig ist, dass der Wurzelballen nie austrocknet. Der Nährstoffbedarf ist eher hoch.

Ernte: Ab dem Frühjahr können ständig frische Blätter geschnitten werden.

Empfehlenswerte Sorten: 'Dark Opal', dunkles Laub, lila Blüten, buschiger Wuchs, bis 40 cm hoch; über Stecklinge vermehrbar.

CURRYKRAUT [6.]
Helichrysum italicum

Aussehen: Die Pflanzen wachsen kompakt und buschig, werden 20 bis 30 cm hoch und mit der Zeit mehr als doppelt so breit. Sie besitzen silbriges, nadelartiges Laub. Von Juli bis August erscheinen hellgelbe kugelige Blüten in schirmartigen Trugdolden.

Ansprüche: Das Currykraut benötigt einen sonnigen Standort, das Substrat sollte schwach sauer bis schwach alkalisch und dabei trocken bis frisch und durchlässig sein. Der Nährstoffbedarf ist gering.

Ernte: Bis zur Blüte kann man die jungen, intensiv nach Curry duftenden Triebe ernten. Sie finden Verwendung als Heil- und Küchenkraut, als Teekraut bei Erkältungen und in der Naturkosmetik.

Empfehlenswerte Sorte: 'Silbernadel', eine kompakte Form mit besonders schmalen Blättern.

[4.]

[5.]

[6.]

[a]

↘ SO GEHT'S

....

[a] PFLANZLOCH VORBEREITEN Nach dem Ausheben eines genügend großen Pflanzlochs wird hochwertige Pflanz- oder Komposterde hineingegeben. Zusätzlich kommt etwas Langzeitdünger hinzu.

[b] RICHTIGE PFLANZHÖHE Wichtig ist die richtige Pflanzhöhe: Die Veredelungsstelle muss sich eine Handbreit über der Erde befinden. Die Wurzeln etwas einkürzen, um neues Wachstum anzuregen.

[c] PFLANZSCHNITT Auch die Zweige werden um etwa ein Drittel eingekürzt, sodass sich eine ausgewogene Fächerform ergibt. Durch das Kappen des Leittriebes wird die Bildung zusätzlicher Seitenäste angeregt.

[d] ZWEIGE FESTBINDEN Um die Äste im richtigen Winkel zu halten, werden sie durch Anbinden fixiert. Statt einzelner Ösen kann man auch Drähte an der Wand entlang verspannen.

[b]

[c]

[d]

SPALIEROBST

Immer an der Wand entlang

Auch bei wenig Platz muss niemand auf frisches Obst direkt vom Baum verzichten. Spalierobst macht sich schlank, denn es wächst quasi zweidimensional. Alle fruchttragenden Zweige werden an der Wand entlang fixiert.

WÄRMENDE WÄNDE

Spalierobst hat eine lange Tradition. Seit Jahrhunderten werden Äpfel und Birnen, aber auch Steinobst wie Kirschen, Pfirsiche und Pflaumen durch spezielle Schnitttechniken so geformt, dass sie als flache Bäumchen an Wänden entlang kultiviert werden können. Vor allem wärmeliebende Obstarten gedeihen auf diese Weise besonders gut, denn hier stehen sie geschützt und profitieren außerdem vom Wärmespeichervermögen des Mauerwerks. Weintrauben, Pfirsiche und Nektarinen können entlang der Wand ihre volle Reife auch in Gegenden erreichen, die nicht von der Sonne verwöhnt werden.

UNTERSCHIEDLICHE SPALIER-ERZIEHUNGEN

Für die Pflanzung am Spalier eignen sich am besten speziell vorgezogene Sträucher beziehungsweise Bäumchen, bei denen die Zweige bereits in die gewünschten Richtungen geleitet und fixiert wurden. Es gibt dabei unterschiedliche Ausformungen, zum Beispiel mit waagerecht oder fächerförmig angeordneten Zweigen, aber auch besonders kunstvolle U- und Doppel-U-Formen. Wenn so ein Grundgerüst bereits angelegt ist, muss man die Zweige nur noch regelmäßig einkürzen, um die Form zu erhalten und die Wuchshöhe zu begrenzen.

BODENVORBEREITUNG IST WICHTIG

Für ein gutes Anwachsen des Bäumchens ist es wichtig, die Pflanzstelle gut vorzubereiten. Man hebt dazu ein Pflanzloch aus, das mindestens ein Drittel größer ist als der Topf oder der Ballen mit dem Wurzelwerk. Dort hinein gibt man lockere Pflanzerde und etwas Langzeitdünger [→ a]. Bei Ballenware werden nun die Feinwurzeln um ein Viertel eingekürzt, bei getopfter Wa-

re entfernt man vorsichtig den Topf und ritzt den Wurzelballen rundum mehrmals ein, um das Wurzelwachstum anzuregen. Anschließend wird die Pflanze eingesetzt, und zwar so tief, dass die durch eine Verdickung erkennbare Veredelungsstelle etwa eine Handbreit über der Erde bleibt [→ b]. Während des Einfüllens der restlichen Erde wird diese immer wieder festgedrückt, um einen guten Wurzelanschluss zu erreichen [→ a und b]. Anschließend schneidet man alle Zweige um ein Drittel zurück und fixiert sie an der Wand [→ c und d].

KLETTERPFLANZEN FÜR'S SPALIER

NAME	KULTIVIERUNG	WIRKUNG
Kiwi (Actinidia deliciosa)	starkwüchsig, Triebe müssen geleitet und aufgebunden werden; gelegentliche Auslichtung erforderlich	Frischverzehr, für Marmelade, Frucht-Smoothies
Mini-Kiwi (Actinidia arguta)	(siehe Kiwi)	Frischverzehr, für Gelee und Frucht-Smoothies
Brombeere (Rubus fruticosus)	aufrecht bis überhängend, Triebe fächerförmig leiten, altes Holz herausschneiden	Frischverzehr, Marmelade, Saft
Tafeltraube (Vtits vinifera)	Triebe waagerecht oder fächerförmig leiten, regelmäßig im Frühjahr einkürzen	Frischverzehr, Saft, Gelee

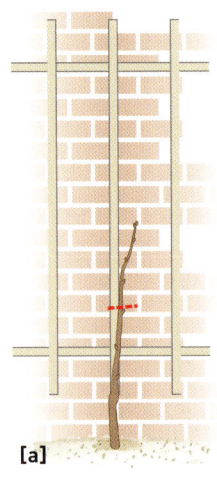

[a]

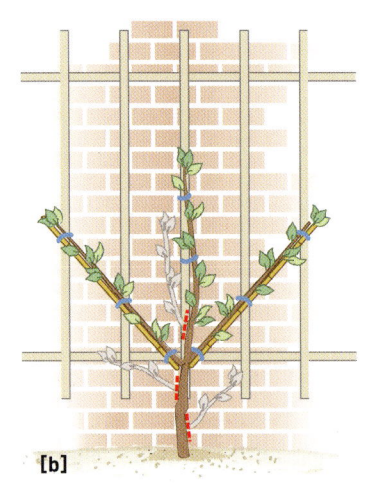

[b]

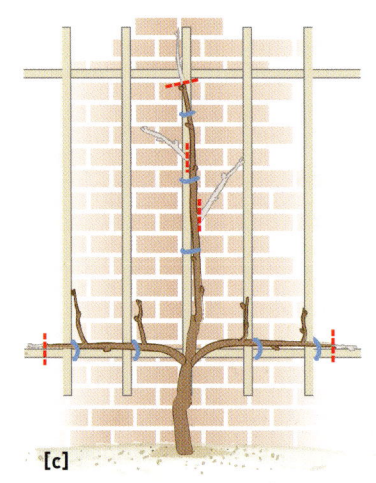

[c]

[d]

↘ SO GEHT'S

[a] GEPFLANZTE RUTE Zunächst besteht der Spalierbaum nur aus einem einzelnen Trieb, der auf einer Unterlage veredelt wurde.

[b] SEITENTRIEBE STÄBEN Die Kappung des Triebes nach der Pflanzung im Herbst regt die Bildung von Seitenverzweigungen an, die im folgenden Sommer im 45 Grad Winkel am Spalier fixiert werden.

[c] IN DIE WAAGERECHTE BINDEN Im folgenden Winter ist es so weit: Die Seitenäste werden in ihre waagerechte Position herunter gebogen und befestigt. Alle anderen Seitentriebe entfernen, den Rest wieder etwas einkürzen.

[d] ZURÜCKSCHNEIDEN Im zweiten Sommer kann man die Grundform schon erahnen. Weiterhin bleibende Triebe einkürzen, alle nach unten wachsenden ganz entfernen.

[e] EINGEWACHSENES SPALIER Dieses prächtige Birnenspalier ist schon etliche Jahre alt. Durch regelmäßigen Schnitt bleibt die Palmettenform erhalten und der Ertrag hoch. Man kann sehen, dass sich Blüten und damit Früchte vor allem an den kurzen Seitentrieben bilden.

[e]

DIE ERZIEHUNG

Spalierobst in Form

Vorgezogene Spalierbäumchen sind nicht billig, denn sie müssen mehrere Jahre in der Baumschule herangezogen werden. Wer seine Lieblingssorte an der Hauswand wachsen lassen möchten, sollte selbst zur Schere greifen.

ERSTER SCHNITT NACH DEM PFLANZEN

Am günstigsten sind einjährige Veredelungen, bei denen lediglich ein einzelner Trieb der Sorte mit der Unterlage verbunden ist. In diesem Stadium sind noch keinerlei Verzweigungen vorhanden. Nachdem die Veredelung im Sommer vorgenommen wurde, sind Unterlage und Edelreis bis zum Herbst fest zusammengewachsen und das einjährige „Bäumchen" kann an seinen vorgesehenen Platz gepflanzt werden. Auf der vorhergehenden Doppelseite wird beschrieben, was man dabei beachten sollte. Auch hier wird nach der Pflanzung ein Pflanzschnitt durchgeführt, und zwar kappt man den vorhandenen Trieb um ein Drittel. Dadurch wird die Bildung von Seitentrieben angeregt [→ a].

VERZWEIGUNG FÖRDERN

Im folgenden Sommer lässt man zwei sich möglichst gegenüberliegende der neu gebildeten Seitentriebe stehen, alle weiteren werden bis an den Haupttrieb zurückgeschnitten. Zunächst genügt es, die Triebe im Winkel von 45 Grad zu fixieren, auch wenn man sie letztendlich in die Waagerechte bringen möchte. Erst im darauffolgenden Winter werden die beiden Seitentriebe in die Horizontale gebogen und mithilfe eines Stabes in dieser Position gehalten. Da die Zweige noch sehr weich und elastisch sind, ist das gar kein Problem. Mit zunehmender Verholzung und einsetzendem Dickenwachstum stabilisiert sich das Bäumchen in dieser Wuchsform. Wichtig ist, dass die Zweige nicht zu fest am Spalier und an den formgebenden Stäben angebunden werden, sondern dass immer etwas Spiel für das Dickenwachstum bleibt. Im Fachhandel gibt es spezielle, leicht elastische Bindematerialien dafür [→ b und c].

DIE SPALIERFORM ENTSTEHT

Im zweiten Sommer haben sich zahlreiche Seitenäste sowohl am Haupttrieb als auch an den waagerechten Ästen gebildet. Alle nach unten wachsenden Triebe werden komplett weggenommen und die nach oben wachsenden bis auf zwei bis drei Blattpaare eingekürzt [→ d]. Diese sollen sich ja auch wieder seitlich verzweigen, denn daran werden später die Früchte wachsen. Auch beim Haupt- oder Leittrieb lässt man von den Seitenzweigen nur kurze Stummel übrig. Der Leittrieb selbst wird auch wieder ein wenig gekappt. Dies führt man so lange fort, bis er die vorgesehene Endhöhe erreicht hat. Danach wird er immer wieder auf diese Höhe zurückgeschnitten. Im Laufe der Jahre entsteht mit dieser Schnitttechnik eine dekorative Palmetten-Form [→ e].

UNGEWÖHNLICHE FORMEN Am gebräuchlichsten sind Spalierformen, bei denen die Zweigenden senkrecht nach oben geführt werden. Etwas Außergewöhnliches sind schräg geführte Zweige. So lassen sich zum Beispiel ungewöhnliche Baukörper besonders betonen.

[1.]

[2.]

[3.]

FÜR'S SPALIER

geeignete Obstsorten

Viele Obstsorten lassen sich am Spalier heranziehen und benötigen so nur ganz wenig Platz. Als Säulenbäumchen sind sie ideal für vertikales Obstgärtnern.

APFEL [1.]

Allgemeines: Dadurch, dass heute so viele verschiedene Obstarten auch als platzsparende Miniversionen erhältlich sind, kann man auch gleich mehrere Varianten des Lieblingsobstes kultivieren. Ganz oben auf der Hitliste beim Obst steht der Apfel.

Wuchs: Viele moderne Apfelsorten eignen sich besonders gut für eine Kultur im Topf beziehungsweise auf dem Balkon. Sie gedeihen und fruchten entweder in Säulenform oder als schwachwüchsige Bäumchen viele Jahre auch im Kübel und auf dem Balkon.

Empfehlenswerte Sorten sind moderne widerstandsfähige Züchtungen. Sie erkennen diese Sorten an Sortennamen, die mit „Pi" oder „Re" beginnen, zum Beispiel 'Reglindis' (die abgebildete Sorte), 'Pinova' oder 'Pilot'.

BIRNE [2.]

Allgemeines: Auf der Beliebtheitsskala der Obstsorten kommen Birnen gleich nach den Äpfeln. Duft und Aroma reifer Birnen sind kaum von einer anderen Frucht zu übertreffen. Im Gegensatz zu Äpfeln enthalten die Früchte der Birnen kaum Säure, was sie gerade für Menschen mit empfindlichem Magen besonders wertvoll macht. Dazu kommt ein Fruchtfleisch von überaus zarter Konsistenz.

Wuchs: Birnen haben eine Besonderheit: Viele Sorten werden nicht auf Unterlagen ihrer eigenen Art veredelt, sondern meistens auf Quittensämlingen. Der Grund dafür ist die bessere Frosthärte, denn bei einer Veredelung beispielsweise auf Wildbirnen sind die Sorten viel frostempfindlicher.

Empfehlenswerte Sorten sind altbekannte wie 'Clapp's Liebling' oder 'Dr. Jules Guyot' (Abbildung), aber auch Neuzüchtungen, etwa 'David' oder die säulenförmige 'Condo'.

KIRSCHE [3.]

Allgemeines: Die Nummer eins auf der Hitliste beim Steinobst ist sicherlich die Kirsche, deren Früchte zu den ersten gehören, die im Sommer reifen. Während Süßkirschen *(Prunus avium)* zu den leckersten Früchten zum sofortigen Naschen gehören, sind Sauerkirschen *(Prunus cerasus)* durch ihre ausgeprägte Säure eher die Favoriten für die Verarbeitung in der Küche. Dort aber punkten sie durch ihr intensives Aroma.

Wuchs: Süßkirschen wachsen üblicherweise zu hohen und sehr ausladenden Bäumen heran, während Sauerkirschen sich auch mit etwas weniger Platz zufriedengeben. Das ist eindrucksvoll, aber leider für kleine Hausgärten viel zu groß, geschweige denn für den Balkon. Die Züchtung hat es aber geschafft, kleinwüchsige Sorten auszulesen und zudem auch schwach wachsende Unterlagen zu züchten, auf die Edelreiser der Sorten veredelt werden. Eigentlich wurde die entsprechende Züchtung betrieben, um den Obstbauern schwachwüchsige Formen anbieten zu können, die einfacher geerntet werden können als Hochstämme, doch eignen sich diese Bäumchen ganz hervorragend auch für die Kübelkultur auf dem Balkon. Überwiegend werden veredelte Obstbäume angeboten, es sind aber auch wurzelechte Süß- und Sauerkirschen erhältlich. Sie haben die Eigenschaft, nur schwache Zuwächse zu bilden. **Empfehlenswerte Sorten** sind 'Claudia', 'Stardust' oder 'Vanda' (Süßkirschen) und 'Gerema' (Abbildung), 'Jade' oder 'Kobold' (Sauerkirschen).

APRIKOSE UND NEKTARINE [4.]

Allgemeines: Die Nektarine (*Prunus persica* var. *nucipesica*) ist eine Mutation des Pfirsichs mit glatter anstelle der sonst pelzigen Schale. Sie ist innen gelblich, bei der weißen Nektarine hellgelb. Der Kern ist von einem normalen Pfirsichkern kaum zu unterscheiden. Die Aprikose *(Prunus armeniaca)*, in Österreich, Südtirol und Teilen Bayerns besser als Marille bekannt, stammt vermutlich aus Armenien und wird dort auch schon seit Jahrtausenden angebaut. Auch sie benötigt einen warmen Standort, dabei ist sie aber wesentlich toleranter gegenüber sommerlicher Trockenheit.
Wuchs: Im Allgemeinen wachsen Aprikosen und Nektarinen zu einem kleinen Baum heran, aber auch die Erziehung am Spalier hat Tradition.
Empfehlenswerte Sorten sind die säulenförmige 'Hilde' und 'Goldrich' (Abbildung).

PFIRSICH [5.]

Allgemeines: Der Pfirsich *(Prunus persica)* wurde bereits von Alexander dem Großen in Persien entdeckt und von ihm als „persische Pflaume" bezeichnet, hieraus leitet sich auch der

botanische Name ab. Später entwickelte sich daraus die Bezeichnung Pfirsich. Ursprünglich aber stammt der Pfirsich aus China und wird dort schon über 3 000 Jahre angebaut. In Mitteleuropa wird der Pfirsich wegen seines Wärmebedürfnisses vor allem in Weinbaugebieten angebaut. Saftige, aromatische Pfirsiche lassen sich in Mitteleuropa im Prinzip nur im eigenen Garten ernten, denn die gekauften Pfirsiche werden in der Regel noch im harten Zustand vom Baum genommen, damit sie den Transport überstehen können. Solche Früchte reifen aber nicht vollkommen nach und das typische Pfirsicharoma ist nicht gut ausgeprägt. Der hohe Wassergehalt macht dieses Obst besonders an warmen Tagen zu einer gesunden Leckerei.
Wuchs: Im Allgemeinen wachsen Pfirsiche zu einem kleinen Baum heran, aber auch die Erziehung am Spalier hat Tradition. Es lohnt sich, dem Pfirsichbäumchen einen sonnigen, geschützten Standort zu geben.
Empfehlenswerte Sorten sind beispielsweise 'Benedikte' (Abbildung) oder 'Bonanza'.

ZWETSCHGE, PFLAUME [6.]

Allgemeines: Beide Formen sind sehr eng miteinander verwandt und unterscheiden sich vor allem in der eher länglichen beziehungsweise rundlichen Fruchtform. Pflaumen stammen vermutlich aus Vorderasien und wurden von den Kreuzrittern nach Europa gebracht. Seither wurde die Frucht immer wieder gekreuzt, wahrscheinlich auch mit unseren heimischen Schlehen. Pflaumen und Zwetschen wachsen in allen gemäßigten Klimagebieten vom Mittelmeer bis nach Skandinavien.
Wuchs: Sie wachsen je nach Unterlage zu kleinen bis mittelhohen, schmalen Bäumen heran, auch Spaliererziehung ist üblich.
Empfehlenswerte Sorten sind 'Anita', 'Pruntop' oder 'Tophit' (Abbildung).

[4.]

[5.]

[6.]

VERTIKALE PFLEGE

Praxis leicht gemacht

Genügend Wasser und Dünger, ein gutes strukturstabiles Substrat - ein Minimum an Pflege benötigen alle Pflanzen. Auf den folgenden Seiten finden Sie alle wichtigen Informationen, unter anderem zu Bewässerungssystemen, die Ihnen die Arbeit erleichtern oder auch Rezepte, um Ihr eigenes Substrat mischen zu können.

DAS KOSTBARE NASS

Bewässerung im Wandgarten

Für ein paar Pflanztaschen an der Wand genügt eine einfache Tropfbewässerung. Für umfangreichere Wandgärten benötigen Sie Lösungen, die zuverlässig und möglichst autark funktionieren.

VORTEIL TROPFBEWÄSSERUNG

Große Wandbegrünungen, ob im Innen- oder im Außenbereich, können allein aus Zeitgründen kaum individuell gegossen werden. Zudem sind die oberen Bereiche ohne eine Leiter nicht so einfach erreichbar. Mit einem Gießstab käme man zwar auch an die oberen Pflanzen, ein gleichmäßiges Wässern der einzelnen Bereiche wäre aber schwierig. Eine Tropfbewässerung ist auf jeden Fall eine bequeme und auch sinnvolle Lösung, denn hierbei werden alle Pflanzen gleichmäßig tropfenweise mit Wasser versorgt. Nichts kann überlaufen oder zu stark vernässen. Tropfbewässerungssysteme können Sie einfach über einen Gartenschlauch an den Wasserhahn anschließen und per Hand mehrmals täglich für einige Zeit öffnen. Das Wasser gelangt dann über die Tropfer langsam zu den Pflanzen.

BEWÄSSERUNGSAUTOMATIK

Weitaus bequemer sind automatisch gesteuerte Tropfbewässerungen, bei denen Sie im Voraus programmieren, wann die Steuerungsventile geöffnet werden, die das Wasser über den Schlauch zu den Tropfern leiten und die Pflanzen versorgen. Die grundlegende Technik ist nicht neu und wird auch für die „horizontale" Bewässerung, zum Beispiel im landwirtschaftlichen Gemüsebau oder in Sommerblumen- und Staudenbeeten seit vielen Jahren angewandt. Für dauerhafte Wandbegrünungen haben die Hersteller die Systeme aber noch stark erweitert,

um den Besonderheiten im vertikalen Bereich Rechnung zu tragen. Am Beispiel des Bewässerungssystems von Optigrün soll die Funktionsweise erläutert werden.

GESCHLOSSENER KREISLAUF

Bei dem Optigrün-Bewässerungsautomaten handelt es sich um ein geschlossenes System. Das bedeutet, dass überschüssiges Wasser wieder zum Ausgangspunkt zurückgeführt wird und wiederverwendet werden kann. Zunächst wird eine Zisterne benötigt, in der ein ausreichender Wasservorrat gespeichert ist. Die Zisterne wird entweder mit Regenwasser versorgt, indem sie zum Beispiel an ein Regenfallrohr angeschlossen wird, oder über Frischwasser aus dem normalen Hausanschluss. Für alle Fälle sollte sie einen Überlauf ins Kanalsystem oder zu einer Versickerungsfläche besitzen. Angetrieben durch eine Pumpe, gelangt das Wasser über den Bewässerungsautomaten in die Zuleitung zur Wandbegrünung. Der

DAS SYSTEM funktioniert sowohl im Innen- als auch im Außenbereich, die Zisterne befindet sich dabei in der Regel im Außenbereich unter der Erde. Wichtig ist in jedem Fall, dass sich sowohl Zisterne als auch die Technik (Pumpe und Bewässerungsautomat) in einem frostfreien Bereich befinden, entweder tief genug unter der Erde oder auch im Keller oder der Garage.

Automat besitzt einen Filter (vor allem bei Regenwasserzisternen wichtig), einen Druckminderer und auch einen Düngedosierer. Der Druckminderer verhindert, dass der feine Tropfschlauch im Wandbereich einem zu hohen Druck ausgesetzt und dadurch eventuell beschädigt wird. Den Düngedosierer kann man so einstellen, dass er auf den Nährstoffbedarf der in der Wandbegrünung befindlichen Pflanzen abgestimmt ist. Anschließend gelangt das Wasser über eine Leitung zum oberen Ende der Wandbegrünung, die dort an den Tropfschlauch angeschlossen wird. Das Wasser wird gleichmäßig langsam an die Pflanzen abgegeben und sickert dabei außerdem senkrecht nach unten in eine Rinne, die es auffängt. Während des langsamen Wasserflusses nehmen die Wurzeln der Pflanzen die benötigte Menge auf, das Substrat hält auch noch einen Teil zurück. Von der Rinne aus gelangt das Überschusswasser wieder zurück in die Zisterne, läuft aber vorher noch durch einen Schmutzfangbehälter, in dem sich Schwebstoffe, Substrat- und Wurzelreste und ähnliches am Boden ablagern können. Auf diese Weise wird das Wasser bereits ein erstes Mal gereinigt, was den Filter im integrierten Bewässerungsautomaten entlastet.

OPTIGRÜN - Bewässerungsprinzip

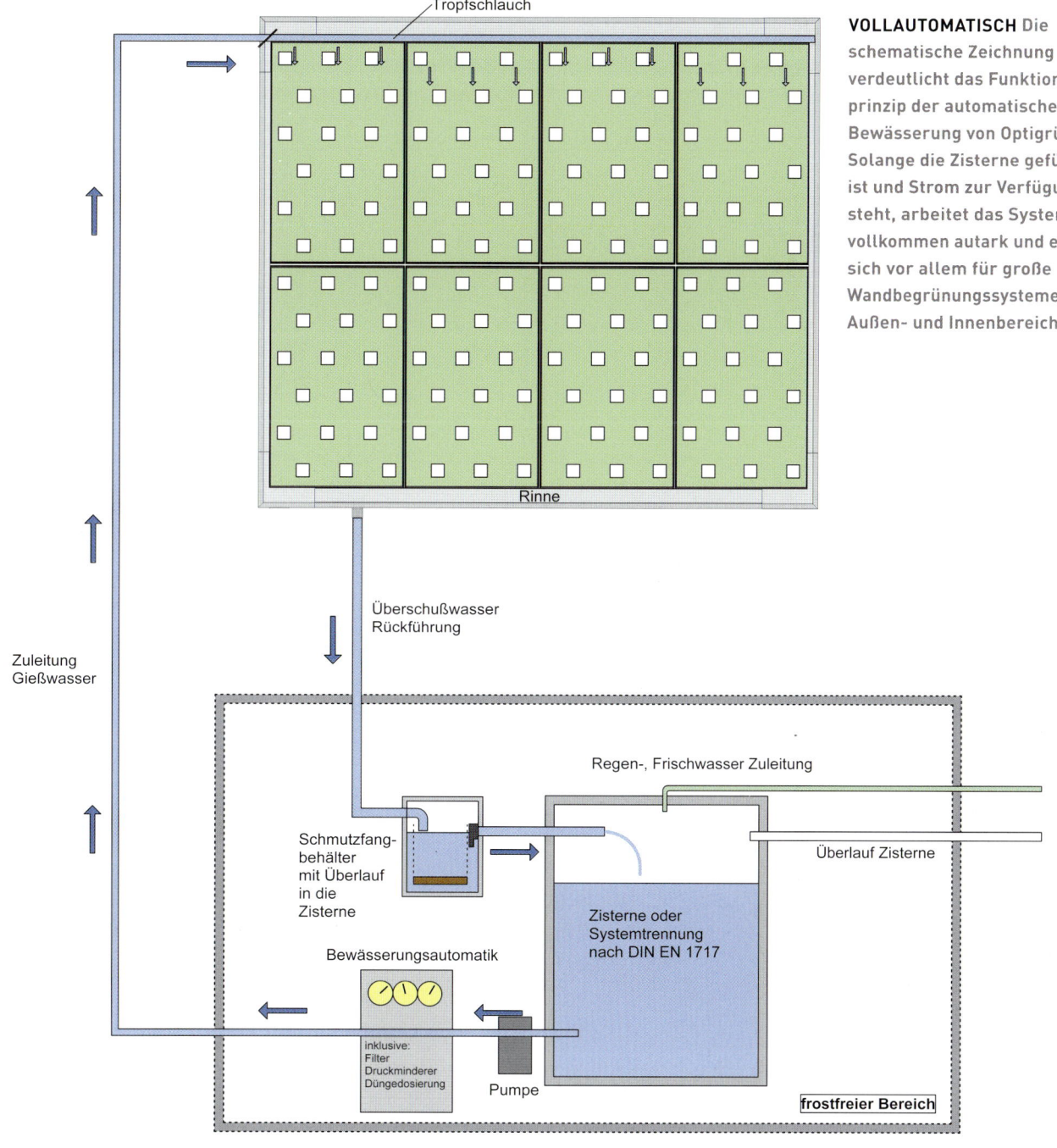

Tropfschlauch

Rinne

VOLLAUTOMATISCH Die schematische Zeichnung verdeutlicht das Funktionsprinzip der automatischen Bewässerung von Optigrün. Solange die Zisterne gefüllt ist und Strom zur Verfügung steht, arbeitet das System vollkommen autark und eignet sich vor allem für große Wandbegrünungssysteme im Außen- und Innenbereich.

Überschußwasser Rückführung

Zuleitung Gießwasser

Regen-, Frischwasser Zuleitung

Schmutzfangbehälter mit Überlauf in die Zisterne

Überlauf Zisterne

Zisterne oder Systemtrennung nach DIN EN 1717

Bewässerungsautomatik

inklusive:
Filter
Druckminderer
Düngedosierung

Pumpe

frostfreier Bereich

TROPFBEWÄSSERUNG
Ein unkompliziertes System

Eine begrünte Wand regelmäßig von Hand zu gießen, ist sehr zeitaufwendig.
Eine automatisierte Tropfbewässerung nimmt Ihnen die Arbeit ab.

VORTEILE

Tropfbewässerungssysteme sind nichts Neues und werden zum Beispiel für die Bewässerung von Balkon- und Kübelpflanzen seit Jahren verwendet. Wer viele Kübelpflanzen täglich, an heißen Sommertagen auch zweimal, von Hand gießen muss, weiß, wie arbeitsintensiv und zeitraubend das ist. Doch eine Tropfbewässerung hat weitere Vorteile:

• gleichmäßige Wasserverteilung über die gesamte Bewässerungsfläche
• gezielte, effiziente Bewässerung zum optimalen Zeitpunkt und exakt dort, wo Wasser und Dünger benötigt werden: im Hauptwurzelbereich
• die tropfenweise Gabe von Wasser sorgt für ein ausgewogenes, optimales Verhältnis von Wasser und Sauerstoff im Boden
• stark reduzierte Verdunstung. Die Effizienz der Tropfbewässerung ist um ein Vielfaches höher als die der Überkopfberegnung
• mit Tropfbewässerung lassen sich erhebliche Mengen an Wasser einsparen

FUNKTIONSWEISE

Eine automatische Bewässerung besteht immer aus folgenden Komponenten: Ein Hahnstück mit Druckregler schließt das automatische Bewässerungssystem an den Wasserhahn an und reduziert den Wasserdruck, um eine optimale Leistung des Systems zu erzielen.

Dazu kommt optional ein Bewässerungscomputer, dieser wird an den Wasserhahn angeschlossen und öffnet beziehungsweise schließt den Wasserhahn [→ d]. Der Bewässerungscomputer kann für bestimmte Zeitintervalle programmiert werden. Ein Zulaufschlauch (13 mm) transportiert das Wasser zum Ort der Bewässerung [→ a]. Dort wird mittels Adapter ein dünnerer (4 mm) Mikroschlauch angeschlossen, der entweder perforiert ist und auf diese Weise das Wasser kontinuierlich abgibt oder der durch zwischengesetzte T-Stücke mit weiteren Mikroschlauchstücken verbunden ist, die einzeln zu den Pflanzen geführt werden und die an den Enden mit Tropfaufsätzen versehen sind [→ b]. Ein Mikroschlauch samt allen Abzweigungen sollte nicht mehr als 15 m lang sein [→ c], weil sonst am Ende der Druck zu niedrig ist.
Für Wandbegrünungssysteme, bei denen die Tropfbewässerung etagenweise direkt durch die bepflanzten Elemente geleitet wird, eignen sich perforierte Tropfschläuche am besten, während für Pflanztaschen und Hanging Baskets vor allem einzelne Tropfer sinnvoll sind, die über T-Stücke verbunden werden.

KAPAZITÄT

Die Durchflussmenge sämtlicher angeschlossener Mikroschläuche und Tropfer sollte die Durchflussmenge der Wasserzapfstelle (in der Regel der Anschluss am Wasserhahn) nicht überschreiten, da das System sonst Luft zieht und leicht verstopfen kann oder ein Unterdruck entsteht, der auch den weiteren Durchfluss verhindert. Für die üblichen Wandsysteme im privaten Bereich spielt das kaum eine Rolle. Bei größeren Projekten sollten Sie aber vorher durchrechnen, wie viel Wasser pro Sekunde benötigt wird.

[a]

[b]

[c]

[d]

↘ SO GEHT'S

[a] **TROPFBEWÄSSERUNG VON HOZELOCK** Mikroschlauch mit Tropfer am Ende, der mithilfe des Steckers direkt an der Pflanze in die Erde gesteckt wird.

[b] **ZUBEHÖR** Verbindungsstück zur Verlängerung des Mikroschlauches. Ebenso können auch T-Stücke eingesetzt werden, die zusätzliche Abzweigungen ermöglichen.

[c] **SCHLAUCHVERTEILERBOX** Bei mehreren zu bewässernden Objektgruppen (das können Kübelpflanzengruppen oder eben auch Wandbegrünungssysteme sein) ist die zusätzliche Verteilerbox sinnvoll.

[d] **TECHNIK** Bewässerungscomputer mit Zeitschaltuhr, der an der den Wasserhahn angeschlossen wird.

[1.]

BEWÄSSERUNGSARTEN
für jede Situation

Manchmal genügen schon einfache Lösungen, damit die Bewässerung möglichst wenig Arbeit macht. Hier ist ein Überblick über praktikable Lösungen.

[2.]

[3.]

TROPFBEWÄSSERUNG INNEN LIEGEND [1.]

Technik: Bei der Tropfbewässerung wird das Wasser direkt dem Wurzelbereich zugeführt. Die Übergabe erfolgt durch sogenannte Tropfer, die direkt bei den Pflanzen installiert werden.

Vorteile: Wirtschaftlichstes Verfahren, da nur geringe Wassermengen verbraucht werden. Das System sichert eine kontinuierliche, individuell auf den Bedarf der Pflanze eingestellte Wasserabgabe aus dem Tropfer.

Nachteile: Die feinen Poren der Tropfschläuche können verstopfen, vor allem wenn der Tropfschlauch ständig im Substrat liegt. Auch kalkhaltiges Wasser führt dazu, dass sich die Poren allmählich verschließen. In diesem Fall helfen nur die Demontage des Systems und eine gründliche Reinigung, zum Beispiel mit Essigwasser und einer Bürste. Sind die Poren allerdings von innen „zugewachsen", hilft nur ein Austausch der Schläuche.

Für Wandgärten: Bei einigen Herstellern, zum Beispiel Minigarden®, wurde für die begrünten Wände ein darauf abgestimmtes Bewässerungssystem mit porösen beziehungsweise perforierten Mikroschläuchen entwickelt, die unsichtbar innerhalb des Moduls verlegt werden. Die Wasserzufuhr kommt durch ein Druckventil und einen Sammelschlauch zu Mikroschläuchen.

TROPFBEWÄSSERUNG OBERFLÄCHLICH [2.]

Technik: Die Arbeitsweise an der Oberfläche geführter Tropfschläuche ist identisch mit der innen liegenden Tropfbewässerung. Auch hier erfolgt die Zufuhr durch sogenannte Tropfer, die direkt bei den Pflanzen installiert werden.

Vorteile: Siehe Tropfbewässerung innen liegend [1.] Oben liegende Tropfschläuche können bei Bedarf besser überprüft und gewartet werden.

Nachteile: Die Tropfschläuche sind sichtbar zwischen den Pflanzen, was den optischen Eindruck beeinträchtigen kann.

Für Wandgärten: Bei den meisten Tropfbewässerungen werden die flexiblen Tropfschläuche einfach dicht an den Pflanzen vorbeigeführt.

BEWÄSSERUNGSMATTEN [3.]

Technik: Als Material kommen in der Regel Synthetikfasern zum Einsatz, die ausgezeichnete wasserspeicherde Eigenschaften haben. Vor dem Befüllen der Kästen mit Erde werden die ca. 1 cm dicken Matten in den Bodenbereich gelegt. Die meisten Bewässerungsmatten gibt es in den Abmessungen gängiger Balkonkästen. Im Handel sind auch größere Stücke erhältlich, die Sie nach Ihren eigenen Bedürfnissen zurecht schneiden können.

Vorteile: Es steht ein kleiner Zusatzpuffer Wasser zur Verfügung, ohne dass die Gefahr der Vernässung besteht. Überschüssiges Gießwasser kann weiterhin ungehindert abfließen. Eine gute Bewässerungsmatte kann etwa drei Liter pro Quadratmeter speichern.

Nachteile: Der Wasservorrat reicht nur für wenige Tage.

Für Wandgärten: Die Matten können unabhängig vom Hersteller passend zugeschnitten auch in Pflanztaschen gelegt werden.

REGENWASSERTONNE [4.]

Technik: Meist werden Kunststoffbehälter als Regentonnen verwendet. Hochwertige Kunststoffbehälter sind aus UV-stabilem Material. Ein Regenwasserbehälter ist Witterungseinflüssen und starken Temperaturschwankungen ausgesetzt. Auf diese Bedingungen abgestimmte Materialien sorgen für eine lang anhaltend gute Optik. Ein serienmäßiger Gewindeanschluss von 19 mm (3/4") sorgt für die einfache Montage eines Ablaufhahns mit Schlauchadapter.

Vorteile: Trinkwasser ist ein teures Gut und eigentlich zu kostbar, um es für die Bewässerung der Pflanzen zu verwenden. Regenwassernutzung ist hier eine gute Alternative. Für Pflanzen gibt es nichts besseres als Regenwasser. Sauber, weich und wohltemperiert fällt es kostenlos vom Himmel.

Nachteile: Beim Anschluss an das Fallrohr vom Dach sind spezielle Filter nötig, die verhindern, dass Laub und Ähnliches den angeschlossenen Schlauch verstopfen.

Für Wandsysteme: Größere Regenwasserbehälter können mit einer Tropfbewässerung verbunden werden.

BEWÄSSERUNGSAUTOMAT [5.]

Technik: Hierbei handelt es sich um ein computergesteuertes System. Es wird durch ein Ventil am Hauswassernetz oder über eine Pumpe an ei-

nem Wasserspeicher angeschlossen. Die Steuerung kann über eine Fernsteuerung, einen Computer, eine Zeitsteuerung oder über Feuchtesensoren erfolgen. Eine Hauptleitung führt das Gießwasser zur Wandbegrünung, zwischengebaute Filter halten Fremdkörper zurück, die die Tropfbewässerung verstopfen könnten, zusätzliche Druckregler sorgen für konstanten Druck. Daran schließt sich der Verteiler für die Tropfbewässerungsleitungen an.

Vorteile: Mit einem solchen System werden die Pflanzen vollkommen alleine versorgt, wenn einmal alles richtig eingestellt ist.

Nachteile: Eine solche Lösung ist technisch komplex und auch nicht ganz billig. Damit das System funktioniert, sollte der Wasserdruck mindestens ein Bar betragen. Bei größeren Projekten kann der Wasserdruck mittels einer Druckerhöhungsvorrichtung verstärkt werden.

Für Wandsysteme: Einige Hersteller von großen Wandsystemen bieten auch Bewässerungsautomaten an.

SELBSTBAULÖSUNGEN [6.]

Technik: Schneiden Sie eine PET-Flasche im oberen Drittel quer durch und perforieren mit einer erhitzten Nadel die Seitenwand rundherum mehrmals auf gleicher Höhe. Anschließend drücken Sie die abgeschnittene Flasche so weit in die Erde, dass die perforierte Linie sich knapp über ihr befindet.

Vorteile: Durch Befüllen des Behälters bis zum Rand wird das Wasser langsam an die Pflanze abgegeben. Durch den Druck tropft das Wasser kontinuierlich heraus.

Nachteile: Sinkt der Wasserspiegel unter die Perforation, muss nachgefüllt werden. Die Wasserversorgung reicht nur für ein bis zwei Tage.

Für Wandsysteme: Aufgrund der Systemgröße eher ungeeignet.

[4.]

[5.]

[6.]

↘ SO GEHT'S

[a] **ZUBEHÖR** Druckbehälter für die Bewässerung der Minigarden-Wandbegrünung. Daneben steht der Dünger, der vom Hersteller vertrieben wird. Es handelt sich dabei um Düngetabletten, die im Gießwasser aufgelöst werden.

[b] **SCHLAUCHVERBINDUNG** Statt an den üblichen Stab wird der Handregler an einen Schlauch angeschlossen.

[c] **DÜNGERZUGABE** Der Dünger wird einfach direkt dem Gießwasser zugegeben.

[d] **ANSCHLUSS** der mit der Tropfbewässerung verbunden wird.

[e] **DÜNGERPUMPE** Durch mehrmaliges kräftiges Pumpen bauen Sie Druck auf, der sich nach Öffnen des Reglers über die Tropfbewässerung verteilt.

GUT VERSORGT

Ein praktisches Düngeverfahren

Eine ausgewogene Düngung ist äußerst wichtig für das gesunde Wachstum der Pflanzen. Sie sind auf eine gleichmäßige Versorgung mit allen wichtigen Nährstoffen angewiesen.

PRAKTISCHE FLÜSSIGDÜNGER

In Wandbegrünungssystemen arbeitet man am besten mit Flüssigdüngern, die zusammen mit dem Gießwasser verabreicht werden. Es gibt inzwischen auch Bio-Flüssigdünger von verschiedenen Herstellern.

MIT DER TROPFBEWÄSSERUNG

Minigarden hat für seine Wandsysteme ein Bewässerungsverfahren entwickelt, in der die Düngung integriert werden kann [→ a]. Das Bewässerungssystem besteht aus einem Mikrorohr mit einem Außendurchmesser von 6,5 mm und eingebauten Tropfern. Das Rohr wird im Innern jedes Moduls platziert und durch die innere Bohrung der kreisförmigen Clips, die die Module verbinden, geführt. Das Rohr wird somit vollständig verdeckt.

GIESSEN MIT DRUCK

Wird das Bewässerungssystem nicht an die Wasserversorgung angeschlossen, zum Beispiel weil sie dort, wo die Wandbegrünung steht, nicht erreichbar ist, wird mithilfe eines manuellen Druckzerstäubers Wasser in die Bewässerungsleitungen gepumpt [→ c]. Dafür gibt es Adapter, mit denen die Gieß- oder Zerstäuberaufsätze mit der Zuleitung zu den Tropfschläuchen verbunden werden [→ b und d]. Durch kräftiges Pumpen wird ein hoher Druck aufgebaut, der das Wasser in alle Verästelungen des Systems leitet.
Der Druckbehälter fasst fünf Liter. Er ist leicht transparent, sodass Sie sehen können, wie viel Wasser Sie bereits zu den Pflanzen gepumpt haben [→ c].

DÜNGERZUGABE

Als Intervall für eine zusätzliche Düngergabe kann man grob ein bis zwei Wochen nennen. Das hängt aber von der Zusammensetzung des Düngers ab. Üblicherweise stehen die Empfehlungen für Dosierung und Zeitraum auf den Flaschen. Wollen Sie düngen, geben Sie einfach die angegebene Menge zusammen mit dem Gießwasser in den Druckbehälter. Auf diese Weise gelangt der Dünger zusammen mit dem Wasser zu den Pflanzen.

DIE WICHTIGSTEN WIRKSTOFFE IM DÜNGER

Stickstoff	wichtig für die Ausbildung von Blättern und Blüten, führt bei Überdosierung zu vermehrtem Blattwuchs auf Kosten der Blütenbildung, organisch zugeführter Stickstoff muss erst durch Bakterien im Boden verarbeitet werden
Kalium	sorgt für feste Zellwände und fördert die Reifung und Widerstandsfähigkeit, es ist im Boden gut löslich
Phosphor	wird für die Chlorophyllbildung gebraucht, fördert besonders das Wurzelwachstum
Kalk	fördert die Zersetzung organischer Stoffe im Boden und macht sie so den Pflanzen zugänglich
Magnesium	ist entscheidend für den reibungslosen Ablauf der Photosynthese

Rezept:
Sukkulentenerde

70 % rein mineralische
Bestandteile:

- 10-20 % Lava
- 10-20 % Bims
- 10-20 % Sand
- 10-20 % Ton

- 15 % Kokosfasern

- 15 % Weißtorf

[a]

↘ SO
GEHT'S

[a] LOCKER UND LEICHT Die Sukkulentenerde ist mineralreich und durch die Zugabe von Kokosfasern und etwas Weißtorf sehr luftig. Eine optimale Voraussetzung, um Staunässe im Wandgarten zu umgehen.

[b] POSITIVE EIGENSCHAFT Torffreie Erde eignet sich für Stauden, Zimmerpflanzen und Einjährige, die einen lockeren, gut mit Nährstoffen versorgten Boden benötigen.

[c] SUBSTANZIELL Gehaltvoller und auch stickstoffreicher ist die selbst gemischte Gemüseerde, denn die meisten Gemüsearten brauchen viel „Futter".

Rezept:
Torffreie Erde

- 60 % Gartenerde
- 20-30 % Kompost
- 20-30 % Rindenhumus

[b]

Rezept: Gemüseerde

- 60-80 % reifer Gartenkompost, Grünschnittkompost oder Lauberde
- 10-30 % fein gesiebte Gartenerde
- 5 % Natursand
- 5 % Bokashi
- 2-5 % Urgesteinsmehl

[c]

SUBSTRAT-REZEPTE
zum Selbermachen

Unterschiedliche Pflanzen haben unterschiedliche Substratansprüche, auch im Wandgarten. Damit Ihre Pflanzen lange gesund und ertragreich bleiben, werden hier drei passende Erdmischungen vorgestellt.

AUF QUALITÄT SETZEN

Pflanzen sollten immer in guter, strukturstabiler Erde wachsen dürfen. Diese hat ein ausgewogenes Verhältnis von Nährstoffen und beinhaltet Zuschlagstoffe, die für eine gute Belüftung der Wurzeln sorgen.

Für Balkonkästen und Kübel können Sie Ihre eigene Blumenerde ganz einfach selbst herstellen. Mit den Rezepten gelingt das auch Einsteigern ohne Probleme. Im Gegensatz zu den meisten gekauften Substraten enthalten die selbst gemischten keinerlei Torf. Für die klassische Blumenerde benötigen Sie als Grundlage Gartenerde oder unbelasteten Mutterboden. Als Ergänzung wird Grünkompost – entweder aus dem eigenen Garten oder aus einer Kompostanlage, die es in den meisten Kommunen inzwischen gibt, dazugegeben. Ein weiterer feiner Bestandteil ist Rindenhumus. Als Langzeitdünger und zur Versorgung mit Spurenelementen kommen noch Stickstoff in Form von Hornspänen und Spurenelemente dazu, die im Fachhandel als Urgesteinsmehl erhältlich sind [→ a]. Das Ganze wird gut durchmischt und ist dann sofort einsatzfähig.

Für eine besonders reichhaltige Gemüseerde können sie noch einen kleinen Anteil Bokashi hinzufügen [→ b]. Das ist Kompost, der in einem speziellen Bokashi-Eimer angesetzt wird. Anders als auf einem Komposthaufen geschieht hier die Rotte weitgehend unter Luftabschluss. Bokashi-Komposteimer mit genauer Anleitung gibt es im Fachhandel.

GESTEINSMEHLE

Zur Anreicherung mit Mineralstoffen und Spurenelementen sowie zur Optimierung des pH-Wertes sind Gesteinsmehle wichtig. Bei kalkreichen Erden sollten siliziumreiche, bei kalkarmen und sauren Erden kalkhaltige Gesteinsmehle verwendet werden. Je feiner die Steinmehle gemahlen sind, desto schneller werden sie durch das Bodenleben verarbeitet und den Pflanzen zur Verfügung gestellt.

HORNSPÄNE

Zur Versorgung der Pflanzen mit Stickstoff sind Hornspäne gut geeignet. Grünkompost ist häufig stickstoffarm, Stickstoff in ausreichender Menge wird von den Pflanzen aber benötigt.

SUKKULENTENERDE

Sukkulenten und Kakteen haben sehr spezielle Ansprüche an die Eigenschaften ihres Substrates. Sie wachsen in einem Gemisch aus porösem Material, meist vulkanischen Ursprungs, Sand, Ton und Fasermaterial. Im Gegensatz zu den meisten im Handel erhältlichen Sukkulentenerden wird für die selbst gemischte nur wenig Torf verwendet [→ c].

FAIRTRADE Es gibt Kokosblocks, das sind stark gepresste Kokosfasern, auch aus fairem Handel mit Fairtrade-Siegel zu kaufen, die nicht aus Regenwaldabholzung durch Kokosplantagen bestehen. Durch diese Produkte werden Kleinbauern in Ländern Asiens unterstützt. Bei der Klimabilanz schneidet jedoch Rindenhumus aus hiesigen Wäldern gegenüber der Kokosfaser wegen der langen Transportwege immer besser ab.

LICHTVERHÄLTNISSE BEACHTEN

Am richtigen Platz

Wie im Beet auch entwickeln sich Pflanzen in bepflanzten Wänden nur optimal, wenn sie am für sie geeigneten Standort wachsen. Vor allem die Lichtverhältnisse sind entscheidend.

SONNE ODER SCHATTEN

Unter den Pflanzen gibt es Sonnenanbeter, denen es gar nicht hell genug sein kann, aber auch solche, die sich in schattigen Bereichen wohlfühlen. Beachtet man ihre spezifischen Anforderungen an die Lichtverhältnisse nicht, verkümmern sie im schlimmsten Fall. Zu ihrer vollen Schönheit entwickeln sie sich aber selbst dann nicht, wenn sie am falschen Standort überleben. Zwischen voller Sonne und tiefem Schatten gibt es natürlich noch zahlreiche Abstufungen. So werden manche Plätze nur in den Vormittags- oder Nachmittagsstunden von der Sonne beschienen, wenn sie etwa nach Nordwesten oder Nordosten gelegen sind. Unter hohen Bäumen mit zierlichem Laub, zum Beispiel Birken, wird die Sonne nur teilweise gefiltert, sodass es darunter recht hell sein kann (der Fachbegriff heißt lichtschattig). Im Schatten von Nadelbäumen wie Tannen und Fichten ist es allerdings wirklich schattig, denn ihre dichten Nadeln lassen kaum Sonne hindurch. Auch Mauern und Wände haben erheblichen Einfluss auf das Lichtangebot, aber auch auf das Mikroklima in der Umgebung. Direkt an einer Südwand ist es nicht nur sonnig, sondern auch besonders warm. Hier kann sich im Sommer die Hitze stauen, was einigen Pflanzen sehr zu schaffen macht, anderen wiederum sehr entgegenkommt. Die Nordseite einer Wand liegt den ganzen Tag im vollen Schatten, außer vielleicht sommers in den ganz frühen Morgen- oder Abendstunden,

wenn die Sonne kurz dahinter hervorlugt. So kann sich hier auch nichts aufheizen, sondern der Standort ist auch im Sommer recht kühl.

SONNENANBETER

Fetthenne (*Sedum*) und Dachwurz (*Sempervivum*) können es gar nicht sonnig und warm genug haben, was nicht verwundert, wenn man sich ihre Naturstandorte anschaut. Die dunklen Vliesmatten der Wandbegrünungssysteme heizen sich in der Sonne stark auf [→ a], die Steine am Fuß geben zusätzliche Wärme ab. Hier bieten sich den sukkulenten Stauden die idealen Lebensbedingungen.
Gemüse liebt es sonnig, aber nicht heiß, Metall und dunkles Holz heizt sich stark auf und ist daher als Material für vertikale Gemüsegärten weniger geeignet [→ c].

LICHTSCHEUE WESEN

Die meisten Farne wachsen in Wäldern, oft noch an den dunkelsten Standorten. An einer sonnig exponierten aufgeheizten Wand würden ihre zarten Wedel innerhalb kürzester Zeit verbrennen. Lediglich einige Arten wie zum Beispiel der Schwarzstielige Streifenfarn (*Asplenium trichomanes*) vertragen einen sonnigen Standort, aber in keinem Fall stehende Hitze. Daher sollte man sie nur für überwiegend im Schatten liegende Standorte verwenden [→ b].

[a]

[b]

↘ SO GEHT'S

[a] **SONNENSEITE** Wandbegrünungssystem mit vorbepflanzten Matten. Hier wurden ausschließlich sonnenliebende *Sedum* verwendet.

[b] **HALBSCHATTEN** Begrünte Wand mit schattenverträglichen Gräsern und Farnen.

[c] **HITZSCHLAG** In der massiven Holzwand kann es den Gemüsewurzeln unter Umständen zu heiß werden. Außerdem verdunstet das Wasser in dem sehr knapp bemessenen Substratraum sehr schnell.

[c]

WURZELN BRAUCHEN RAUM

Ansprüche beachten

Pflanzen in vertikalen Pflanzsystemen wie im Balkonkasten sind verschiedenen Stressfaktoren ausgesetzt. Ein nicht zu unterschätzender Faktor ist der meist knappe Wurzelraum.

BEDINGUNGEN VERBESSERN

Wichtig ist es, in möglichst große Gefäße zu pflanzen, wo immer dies möglich ist. Auch ein guter Wasserabzug ist wichtig. In Balkonkästen und Bepflanzungselementen ohne Wasserspeicher sollten Sie selber Löcher anbringen. Darüber wird Vlies gelegt, damit die Löcher nicht von der eingefüllten Erde verschlämmt werden. Vor dem Einsetzen werden die Pflanzen gründlich gewässert, damit der Wurzelballen sich vollsaugt. Überhängende Pflanzen setzen Sie an den Rand. Sie beschatten dann den Kasten und sorgen dafür, dass sich der Wurzelraum nicht zu stark aufheizt. Aufrecht wachsende Arten werden in die Mitte gesetzt.

GUTE PFLEGE GEGEN STRESS

Kleine Gefäße haben einen großen Nachteil: Sie lassen den Wurzeln der Pflanzen nicht allzu viel Raum. Umso wichtiger ist eine optimale Versorgung mit Wasser und allen wichtigen Nährstoffen. Das bedeutet regelmäßiges Gießen und Düngen. Auf keinen Fall dürfen die Wurzelballen durchtrocknen. Davon würden sich die Pflanzen kaum wieder erholen.
Ein gutes Substrat trägt viel dazu bei, den Stress für die Pflanzen zu vermindern. Von vielen Herstellern gibt es Fertigsubstrate, bei denen Zuschlagstoffe für eine gute Was-serhaltigkeit und gleichzeitig eine ausreichende Belüftung der Wurzeln sorgen. Sie können sich die passenden Substrate für die unterschiedlichen Einsatzbereiche aber auch selbst mischen. Rezepte dazu finden Sie auf Seite 124/125.

SYSTEME MIT MEHR WURZELRAUM

Günstiger als „Einzeltaschen" sind Systeme, bei denen die Pflanzbereiche miteinander verbunden sind. Bei Minigarden beispielsweise wird die komplette Wand mit Substrat befüllt, die ausgeformten Pflanztaschen sind nur eine Art „Balkon", die nach vorne herausragen. Dahinter können die Wurzeln der Pflanzen frei über alle Etagen wandern und sich ihren Raum suchen.
Auch bei kleineren Pflanzsystemen gibt es Konstruktionen, die den Pflanzen mehr Wurzelraum verschaffen. So gibt es von mehreren Herstellern Stapeltöpfe, die durch ihre besondere Ausformung mehrere Etagen hoch ohne Befestigungsmaterial aufeinandergestellt werden können. An den Unter-

WURZELWACHSTUM FÖRDERN Ritzen Sie vor dem Einsetzen der Pflanzen den Wurzelballen mit einem Messer oder einer Gartenschere an mehreren Stellen leicht ein. Auf diese Weise regen Sie neues Wurzelwachstum an.

seiten haben die Töpfe aber keinen durchgehenden Boden, sondern Gitter oder Schlitze, durch die die Wurzeln problemlos hindurchwachsen können.
Ebenfalls mehr Wurzelraum für die einzelnen Pflanzen bieten Pflanzsäcke und Pflanzsäulen, bei denen die Pflanzen durch Öffnungen an der Vorderseite gesteckt werden. Im Inneren können die Wurzeln sich über das gesamte Substrat ausbreiten.

VERTIKALSYSTEM VON JUWEL

Noch mehr Wurzelraum als so ein Stapelsystem bietet das Vertikalsystem des österreichischen Herstellers Juwel. Dabei handelt es sich um ein Kunststoffmodul mit wasserdichter Rückwand von Seite 64/65. In diese Rückwand werden drei Schalen eingehängt. Die oberen drei Schalen sind im mittleren Bereich durchgängig, das Substrat kann sich in diesem Bereich über alle Ebenen erstrecken. Das bedeutet, die Pflanzen können auch von oben bis ganz unten durchwurzeln. Die Pflanzschalen hängen dabei so dicht übereinander, dass die Wurzeln der Pflanzen problemlos von einem Kasten in den nächsten hineinwachsen können. Damit ist das System auch für Pflanzenarten geeignet, die weiter in die Tiefe wachsen. So müssen Sie bei diesem System auch insgesamt weniger oft gießen.

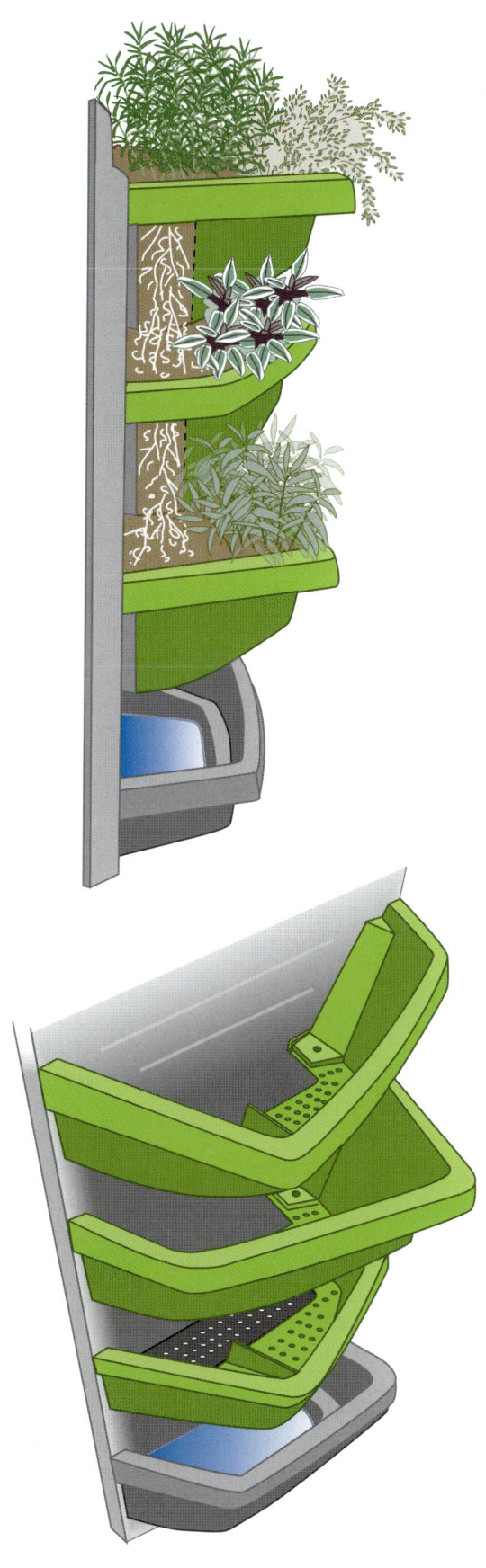

DURCHDACHT Der durchgehende Erdraum von der obersten bis zur untersten Pflanzschale lässt auch tief wurzelnde Pflanzen perfekt gedeihen, da sie mehrere Schalen durchwachsen können. Darüber hinaus macht er eine intelligente Bewässerung möglich.

DER WINTER KOMMT

Was ist zu tun?

Winterharte Pflanzen halten es prinzipiell auch in den Wintermonaten im Wandgarten aus. Dennoch gibt es ein paar Tätigkeiten, die unbedingt vor dem ersten Frost erledigt sein sollten.

DAS SOLLTEN SIE IM WINTER BEACHTEN

Saisonbepflanzung	alle Sommer- und Balkonblumen spätestens jetzt entfernen, auf den Kompost oder in die Biotonne werfen
Pflanztaschen	ausleeren, gründlich reinigen, trocknen lassen und im Keller für das nächste Jahr deponieren
Kästen und Hanging Baskets	Sommerbepflanzung herausnehmen, Gefäße ausleeren und reinigen, dann einlagern
Paletten mit Saisonbepflanzung	Pflanzenreste und Erde ausleeren, gründlich reinigen, trocknen lassen, überdacht überwintern
Bewässerung	Wasserschläuche vom Wassernetz trennen, entleeren, reinigen, ordentlich zusammenrollen und einlagern
Tropfbewässerung	Zuleitungen abnehmen, entleeren, kontrollieren und einlagern, Tropfschläuche in dauerhaften Wandbegrünungen belassen, die Endstücke abnehmen, damit das Wasser ablaufen kann

DIE AUTOMATISCHE BEWÄSSERUNG

Sollten Sie ein automatisiertes Bewässerungssystem im Einsatz haben, wird dieses spätestens im November, wenn Frost wahrscheinlich ist, winterfest gemacht. Achten Sie auf Wetterhinweise, um den Zeitpunkt nicht zu verpassen. Im betriebsbereiten Zustand sind nämlich die Schläuche zumindest teilweise mit Wasser gefüllt. Bei Frost ist daher immer die Gefahr des Platzens gegeben, denn Wasser dehnt sich beim Gefrieren stark aus. Auch perforierte Tropfschläuche sind davon betroffen, denn hier gefriert das Wasser besonders schnell und kann unter Umständen nicht rechtzeitig durch die Löcher entweichen.

Schließen Sie daher den Wasserhahn zum Bewässerungssystem am Haupthahn. Bei Direktanschluss der Bewässerungsanlage an das Hauswassernetz stellen Sie die Wasserzufuhr ab und öffnen den Entwässerungshahn in der Hauswasserleitung. Lassen Sie das gesamte Wasser in der Anlage ab. Schrauben Sie auch die Zuleitungen zu den Mikroschläuchen ab und bewahren Sie sie im Haus auf. Auch die Zuleitungsschläuche kommen im Winter an einen frostfreien Platz. Lassen Sie vorher das komplette Wasser auslaufen und überprüfen Sie alle Verbindungsstücke. Jedes Bewässerungssystem ist anders. Deshalb ist es sinnvoll, in der Bedienungsanleitung nachzusehen, was der Hersteller genau empfiehlt.

TEMPORÄRE WANDBEGRÜNUNGEN

Pflanztaschen und sonstige Wandbegrünungen, die lediglich für die Sommermonate bepflanzt wurden, werden abgehängt, ausgeleert, gereinigt und für die nächste Saison weggeräumt. Wenn Sie dort Salat und ähnliches kultiviert haben, ist wahrscheinlich längst alles abgeerntet. Auch die letzten Blüten der Sommerblumen sind lange verblüht und keine Zierde mehr. Das Gleiche gilt für bepflanzte Paletten. Entfernen Sie die Erde, reinigen Sie sie am besten mit dem Hochdruckreiniger, lassen sie gut trocknen und stellen sie über den Winter an einen trockenen, überdachten Platz.

DAUERBEPFLANZUNG

Winterharte Stauden, Gräser, Farne und kleine Gehölze in dauerhaften Wandbegrünungssystemen können im Winter ohne weitere Maßnahmen draußen bleiben. Die Immergrünen unter ihnen müssen Sie in längeren frostfreien Perioden eventuell gießen, damit sie nicht austrocknen. Von Fall zu Fall ist individuell zu entscheiden, ob es notwendig ist. Von den einziehenden Stauden ist im Winter nichts zu sehen, sie benötigen in der Ruhephase auch keine Pflege.

WINTERSCHUTZ

Auch wenn die Pflanzen winterhart sind, können sie leiden, vor allem wenn sie an einem besonders exponierten Standort stehen. Manchmal kann dann ein Winterschutz erforderlich sein. Gegen zu viel Wintersonne, hilft oft schon ein dünnes, luftdurchlässiges Schattiernetz. Kalte Ostwinde können durch das Einpacken in ein Vlies gemildert werden, wobei zwischengestopftes Stroh für eine noch bessere Isolierung sorgt. Auch vorgehängte Nadelzweige sind ein guter Schutz.

SCHÄDLINGE IM WANDGARTEN

Ungebetene Mitbewohner

Wo Pflanzen wachsen, sind auch Schädlinge nicht weit. Das ist im vertikalen Garten nicht anders als auf Balkon und Terrasse, wo die gleichen „Mitesser" lauern.

MIT DER NATUR GÄRTNERN

Wenn sich Blattläuse, Dickmaulrüssler oder Nacktschnecken über den Balkonkasten hermachen, bleibt von der Blütenpracht oft nicht allzu viel übrig. Sie saugen Nährstoffe aus Pflanzen, fressen an Wurzeln und Knollen oder fressen in einer einzigen Nacht den kompletten Salat. Doch wer Schädlinge im Garten mit chemischen Mitteln bekämpft, trifft auch nützliche Insekten und gefährdet im schlimmsten Fall die eigene Gesundheit. Besser ist es daher, in biologischen Kreisläufen zu denken und entsprechend zu gärtnern: Das beginnt bei der Auswahl der richtigen Pflanzen für den richtigen Standort und reicht bis zum gezielten Ansiedeln von Nützlingen durch Nist- und Versteckmöglichkeiten.

VORBEUGENDE MASSNAHMEN

Oft kann man schon durch die richtige Auswahl der Pflanzen und einige simple Regeln den Befall unter Kontrolle halten, wenn auch nicht ganz verhindern. Hier sind einige hilfreiche Tipps:

- Wählen Sie Arten und Sorten, die gegen Krankheiten resistent sind. Es gibt zahlreiche, moderne Züchtungen, die resistent gegen Mehltau sind.
- Suchen Sie die Pflanzen auch nach den Boden- und Lichtbedingungen an dem vorgesehenen Standort aus.
- Verhindern Sie durch den richtigen Aussaat- und Auspflanztermin, dass Pflanze

und Schädling aufeinandertreffen. Wenn Sie zum Beispiel Kohl erst Ende Mai auspflanzen, fliegt die Kohlfliege schon nicht mehr und stellt daher keine Gefahr dar.

- Kaufen Sie kräftige und gesunde Pflanzen. Sie besitzen gegenüber Schädlingen eine höhere Widerstandsfähigkeit.
- Verbessern Sie die Bodenstruktur durch Mulchen beziehungsweise durch Abdecken mit Grasschnitt, Laub, Rinde oder Stroh. Das verhindert, dass der Boden austrocknet, und fördert auch das Bodenleben, selbst im Balkonkasten.
- hängen Sie in der Nähe Nistkästen für Vögel und nützliche Insekten auf. Die Brut eines einzigen Meisenpaares vertilgt über 30 Kilogramm (!!) Insekten und Raupen. Auch Florfliegen und Marienkäfer sind als beinahe unersättliche Blattlausvertilger berühmt.
- Schaffen Sie mechanische Barrieren gegen Schädlinge, seien es feine Netze gegen Insekten oder Schneckenzäune gegen die schleimigen Vielfresser.

BRENNNESSEL-BRÜHE GEGEN BLATTLÄUSE

Geben Sie ein Kilogramm frische Brennnesseln in einen Eimer und übergießen Sie sie mit 10 Litern Wasser. Lassen Sie das Ganze 12 bis höchstens 24 Stunden ziehen. Danach filtern Sie die Pflanzenteile heraus. Mit dieser Brühe können Sie die befallenen Pflanzen, am besten bei bedecktem Wetter, gründlich besprühen.

MÄUSEALARM

Auch größere Tiere können in begrünten Wänden einigen Schaden anrichten. Hier sind oft nicht die Pflanzen das Ziel, sondern die Konstruktion mit ihrem Innenleben aus Matten und Vliesen. Diese bieten kleinen Nagetieren wie Mäusen ein begehrtes Versteck vor allem in den Wintermonaten, wenn in der Regel die automatische Bewässerung ausgestellt ist. Es muss nicht unbedingt zu Schäden führen, aber durch angenagte und ausgefressene Matten kann Erde herausrieseln, die dann den Pflanzen fehlt, abgesehen von der Verschmutzung des Bodens.

SCHMIERSEIFE GEGEN LÄUSE

Geben Sie
- 300 g Schmierseife
- ½ Liter Brennspiritus
- 1 Esslöffel Salz und
- 1 Esslöffel kohlensauren Kalk

in einen Eimer mit 10 Liter Wasser, rühren alles gut um und bespritzen die befallenen Pflanzen bei bedecktem Wetter damit. Gehen Sie mit der Brühe nicht zu sparsam um, die Pflanzen können ruhig tropfnass eingesprüht werden. Schmierseifen sind als anionische Tenside oberflächenaktiv und vermindern die Spannung in Flüssigkeiten, so dass diese besser benetzt werden. Die Seife kann in Klärschlamm gut abgebaut werden, weshalb sie auch kaum umweltbelastend ist.

SCHNECKEN sind die gefräßigsten Schädlinge im Garten und erklimmen auch vertikale Gärten ohne größere Probleme. Die Spanische Wegschnecke *(Arion lusitanicus)* stellt hier die größte Herausforderung dar. Die aus dem Mittelmeerraum stammende und vor rund 50 Jahren nach Mitteleuropa eingeschleppte Schnecke ist nicht nur gefräßiger und widerstandsfähiger gegen Sonne und Trockenheit als ihre deutschen Kollegen, sondern auch äußerst beweglich. Ihr Aktionsradius beträgt bis zu 15 Meter pro Tag. Kontrollieren Sie Ihre Pflanzen regelmäßig auf Fraßspuren und sammeln alle gefundenen Schnecken umgehend ab.

[1.]

[2.]

[3.]

SCHÄDLINGE
(er-)kennen

Auch im vertikalen Garten sind die bekannten und verbreiteten tierischen und pflanzlichen Schädlinge immer wieder anzutreffen.

BLATTLÄUSE [1.]

Schadbild: Sie schädigen und schwächen die Pflanzen, indem sie die Pflanzensäfte der jungen Triebe aussaugen.

Folgen: Blattläuse können durch ihre Saugtätigkeit verschiedene Viren übertragen und giftige Stoffe absondern, die zu Verkrüppelungen der Blätter und Knospen führen. Auf ihren zuckerhaltigen Ausscheidungen siedeln sich zudem oft Rußtaupilze an. Ameisen ernähren sich bevorzugt von den zuckerhaltigen Ausscheidungen, sodass Sie bei einem hohen Blattlausbefall auch vermehrt mit Ameisen zu kämpfen haben.

Bekämpfung: Die Bekämpfung eines beginnenden Blattlausbefalls ist einfach. Die Tiere können Sie mit den Fingern zerdrücken oder mit einem scharfen Wasserstrahl abspritzen.

Vorbeugung: Düngen Sie möglichst nicht zu stickstoffbetont, da dies zu weichen Trieben führt, die besonders gerne von den Blattläusen heimgesucht werden.

FRANSENFLÜGLER (THRIPSE) [2.]

Schadbild: Sie saugen mit ihren Stechrüsseln die äußeren Zellen der Blätter aus. Die Zellen sind anfangs gelblich gefärbt, später werden sie aufgrund der eindringenden Luft silbrig weiß. Im fortgeschrittenen Stadium, sehen die Blätter stark gesprenkelt und fleckig aus. Bei genauerem Hinsehen erkennt man feine schwarze Punkte, dies sind die Kotausscheidungen der Parasiten.

Folgen: Stark befallene Blätter sterben ab, dadurch wird die Pflanze zusätzlich geschwächt.

Bekämpfung: Zu den natürlichen Feinden der Thripse zählen die Florfliege und im Fachhandel erhältliche Raubwanzen.

Vorbeugung: Am besten hilft regelmäßige Kontrolle der Pflanzen, um einen hohen Befallsdruck gar nicht erst entstehen zu lassen.

TRAUERMÜCKEN [3.]

Schadbild: Vor allem in feuchten Substraten sind sie zu finden. Die erwachsenen Trauermücken sind etwa 3 mm groß, schwarz und haben lange Fühler. Die Larven sind durchscheinend weiß und haben eine schwarze Kopfkapsel. Sie sind das eigentlich schädliche Entwicklungsstadium und ernähren sich von abgestorbenem organischem Material im Boden, fressen aber auch an den Wurzeln der Pflanzen und dringen in deren Stängel ein.

Folgen: Durch die Fraßtätigkeit können die Pflanzen an Kümmerwuchs und Welke leiden bis hin zum Absterben.

Bekämpfung: Zur biologischen Bekämpfung von Trauermücken können Nematoden oder Raubmilben eingesetzt werden, die im Fachhandel erhältlich sind.

Vorbeugung: Achten Sie darauf, dass das Substrat nicht zu stark vernässt und geben Sie bei Bedarf wasserspeichernde Substanzen wie Blähton hinzu, um eine bessere Durchlüftung zu erreichen.

SPINNMILBEN [4.]

Schadbild: Die Blätter betroffener Pflanzen erscheinen gelblich aufgehellt oder fahlgrau bis grau-silbrig. Bei starkem Befall kann man auch die typischen Gespinste in den Triebspitzen und an den Blättern erkennen. Die winzigen, kugelig geformten Tiere halten sich bevorzugt an den Blattunterseiten auf. Meist sind sie blass-gelblich oder grünlich gefärbt. Bei starkem Befall und im Spätsommer können die Tiere auch eine rötliche Farbe annehmen.

Folgen: Spinnmilben legen ihre Eier an den Blättern ab und können unter günstigen Bedingungen viele Generationen pro Jahr bilden und auf diese Weise die Pflanzen nachhaltig schwächen.

Bekämpfung: Im Handel gibt es systemisch wirkende Mittel, die von der Pflanze aufgenommen werden und diese für eine begrenzte Zeit giftig machen. Dadurch tötet man solange die geschlüpften Schädlinge ab, bis die gesamte Population ausgerottet ist.

Vorbeugung: Manchmal hilft es schon, für eine bessere Durchlüftung des Standortes zu sorgen.

PHYTOPHTHORA [5.]

Schadbild: Die Braunfäule, auch als Krautfäule bekannt, ist eine Pilzerkrankung, die vor allem Tomaten befällt. Man erkennt sie daran, dass auf den Blättern anfangs graugrüne, später braune Flecken erscheinen; bis diese schließlich ganz absterben. An den Blattstielen, am Stängel sowie an den Früchten können sich ebenfalls dunkelbraune Stellen befinden. Die graugrünen Phytophthora-Sporen sind bei ausgeprägtem Befall als Pilzrasen deutlich sichtbar.

Folgen: Wenn die Pflanzen erstmal von Braunfäule befallen sind, sind sie meist verloren.

Bekämpfung: Gießen sollten Sie immer von unten direkt an den Wurzelhals, damit kein Wasser spritzt. Ansonsten ist die Bekämpfung schwierig. Auf jeden Fall sollten Sie befallenes Laub sofort entfernen und über den Hausmüll entsorgen, auf keinen Fall kommen sie auf den Kompost. Auch die Wahl weitgehend resistenter Sorten ist sinnvoll.

Vorbeugung: Es hilft die Pflanzen an einen möglichst vor Regen geschützten Standort zu pflanzen. In vielen Gegenden sind die Pilzsporen der Braunfäule überall im Boden, man kann ihnen also gar nicht entgehen. Kontakt zwischen Erde und Tomatenblättern und Stängeln sollte daher möglichst vermieden werden. Die Braunfäule entwickelt sich bevorzugt bei feuchtem Wetter. Auch zwischenzeitliche Kälte fördert ihre Ausbreitung.

ECHTER MEHLTAU [6.]

Schadbild: Er breitet sich bei feuchtem Wetter besonders stark aus. Junge Triebe und Knospen werden mit einem mehligen, weißen Belag überzogen.

Folgen: Durch den Belag können die Blätter nicht mehr ihre übliche Stoffwechselleistung erbringen und auch die Photosynthese ist eingeschränkt. Auf diese Weise wird bei starkem Befall die ganze Pflanze geschwächt.

Bekämpfung: Moderne Züchtungen sind r widerstandsfähiger gegen diese Pilzerkrankung. Bei leichtem Befall schneiden Sie die befallenen Partien großzügig ab, bei starkem Befall helfen nur spezielle Präparate.

Vorbeugung: Oft genügt es auch, gefährdete Pflanzen an einen Standort zu stellen, an dem eine bessere Luftzirkulation herrscht, sodass die Feuchtigkeit schneller abtrocknet.

[4.]

[5.]

[6.]

SERVICE

WANDSYSTEME

Beiermeister GmbH
Hydrokulturen
Carl-Seilacher Straße 15
70825 Korntal-Münchingen
Tel.: (0 71 50) 95 86 0
E-Mail: info@beiermeister.de
www.beiermeister.de

Boskke Sky Planter
BOSKKE Ltd.
Dyson Building
20 Howie Street, London
Tel.: (+44) 75 48 38 58 45
E-Mail: sales@boskke.com
www.boskke.com

zu beziehen über:
Plantu
Rotherstraße 19
10245 Berlin
Tel.: (0 30) 60 98 41 87
E-Mail: hey@plantu.de
www.plantu.de

Boymann GmbH & Co. KG
Garten- und Landschaftsbau
Iburger Straße 11
49219 Glandorf
Tel.: (0 54 26) 94 49-0
E-Mail: info@boymann.de
www.boymann.de

Burgon & Ball - Factory
La Plata Works, Holme Lane
Sheffield, S6 4JY
UK
Tel.: (+44) 11 42 33 82 62
E-Mail: enquiries@burgonandball.com

zu beziehen über:
Plantu
(siehe Boskke Sky Planter)

Ebertsankey Vertical Garden System
Fiskars Germany GmbH
Oststraße 23
32051 Herford
Tel.: (0 52 21) 93 52 99

E-Mail: info.garten@fiskars.com
www.ebertsankey.eu

FlowerArt GmbH
Ständlerstraße 35
81549 München
Tel.: (0 89) 66 61 78 62
E-Mail: info@flowerbox.de
www.flowerbox.de

Die Gartenscheune
Joachim Kuprat
Mühlenstr. 20
19205 Gadebusch
Tel.: (0 38 87 4) 21 76 5
E-Mail: diegartenscheune@t-online.de
www.die-gartenscheune.de

Greenhill Moosbilder und -wände

zu beziehen über:
Freund GmbH
Pettenbacher Str. 14
A-4655 Vorchdorf O.Ö
Tel.: (0 30) 30 69 23 13
E-Mail: office@freundgmbh.com
www.freundgmbh.com

Heckensystem Wallplanter
Mobilane GmbH
Kaßstraße 43
46446 Emmerich am Rhein
Tel.: (0 28 22) 91 54 20
E-Mail: info@mobilane.de
www.mobilane.de

Humko Wallsystems/Slowenien
Tel.: (+386) 45 32 53 20
E-Mail: info@humko.si
www.greenwalls.si

zu beziehen über:
Wolf Gartenbau
Am Opelprüffeld 1
63110 Rodgau
Tel.: (0 61 06) 25 51 8
E-Mail: info@wolf-gartenbau.de
www.wolf-gartenbau.de

JUWEL Vertikal Garden
Industriezone 19
6460 Imst, Österreich
Tel.: (+43 54 12) 69 40 0
E-Mail: shop@juwel.com
www.juwel.com

KalaMitica Deutschland
Gerhard Weinz GmbH
Bergstraße 15
71157 Hildrizhausen
Tel.: (0 70 34) 84 09
E-Mail: info@kalamitica.de
www.kalamitica.de

Karoo indoor & outdoor green wall

zu beziehen über:
D&M depot NV/SA
karoo
Industrieweg 23
B-2630 Aartselaar
Belgien
Tel.: (+32) 03 88 84 20 0
E-Mail: info@dmdepot.be
www.karoo-dmdepot.be

Der Kubi®
Paradiesgarten
Am Falchen 58
86983 Lechbruck am See
Tel.: (0 88 62) 77 40 49
E-Mail: vergessenekuenste@gmx.de
www.paradiesgarten.eu

zu beziehen über:
– beethochdrei –
Klaus Landmesser
Bergstr. 148
73733 Esslingen
Tel.: (07 11) 3 96 64 65
E-Mail: kontakt@beethochdrei.de
www.beethochdrei.de

LivePicture®

zu beziehen über:
Beiermeister GmbH
Carl-Seilacher Straße 15
70825 Korntal-Münchingen

Tel.: (0 71 50) 95 86 0
E-Mail: info@beiermeister.de
www.beiermeister.de

MAXIMIZE DESIGN
23 Portmarnock Crescent
Portmarnock
County Dublin
Tel: (+353) 85 1211108
E-Mail: info@maximizedesign.ie
www.maximizedesign.ie
www.wheelyplant.com

Minigarden®
Rua Mem Rodrigues 4-D
1400-249 Lissabon, Portugal
Tel.: (+351) 21 30 20 06 3
E-Mail: info@quizcamp.com
de.minigarden.net

zu beziehen über:
Plantu
(siehe Boskke Sky Planter)

Optigrün international AG
Am Birkenstock 15-19
72505 Krauchenwies-Göggingen
Tel.: (0 75 76) 77 2-0
E-Mail: info@optigruen.de
www.optigruen.de
www.fassadenbegruenung.info

Plan G GmbH
Mauersysteme
Eichelstraße 31
88285 Bodnegg
Tel.: (0 75 20) 95 62 37 0
E-Mail: info@gruen-im-kraut.de
www.gruen-im-kraut.de

planto GmbH
Werner-von-Siemens-Straße 12
D-65582 Diez
Tel.: (0 64 32) 92 00 3-0
E-Mail: info@planto.com
www.planto.com

CP SÄCHSISCHES HEIMATWERK
Vertriebs-GmbH
August-Bebel-Straße 77
01728 Bannewitz
Tel.: (03 51) 40 29 99 00
E-Mail: info@heimatwerke.de
www.heimatwerke.de

Manfred Stiebler
Josef-Welte Straße 2
78183 Hüfingen-Mundelfingen
Tel: (0 77 07) 7 97
E-Mail: info@stima-hochbeet.de
www.stima-hochbeet.de

Sempergreen Europe
P.O. Box 987
3700 AZ Zeist, Niederlande
Tel.: (+31) 34 35 39 69 9
E-Mail: info@sempergreen.com
www.sempergreen.com

toom Baumarkt GmbH
Pressesprecherin Daria Ezazi
Humboldtstr. 140–144
51149 Köln
Tel.: (02 21) 1 49 62 72
E-Mail: daria-ezazi@rewe-group.de
www.toom-baumarkt.de

VegTrug Limited
2 Crown Gate
Wyncolls Road
Severalls Business Park
Colchester
Essex

zu beziehen über:
Gärtner Pötschke GmbH
Beuthener Straße 4
41564 Kaarst
Tel.: (0 18 05) 86 11 00
E-Mail: info@poetschke.de
www.poetschke.de

verticalis by hydroplant
Hydroplant AG
Neunbrunnenstr. 50
CH-8050 Zürich
Tel.: (+044) 94 29 39 3
E-Mail: website@hydroplant.ch
www.hydroplant.ch

Vertiflower

zu beziehen über:
Der Naturstein Garten
Alexandra Löhr
Lindenstraße 40a
56203 Höhr-Grenzhausen
Tel.: (0 26 24) 95 09 72
E-Mail: alexandraloehr@t-online.de
www.der-naturstein-garten.de

Vertiss® Planzsystem
Novintiss
4 Rue Henry Crespin
17000 La Rochelle, Frankreich
Tel.: (+33) 54 65 15 29 1
E-Mail : info@vertiss.net
www.vertiss.net

zu beziehen über:
Projekt Gartenbau GmbH
Theodor-Storm-Str. 2
26721 Emden
Tel.: (0 49 21) 93 79 37
E-Mail: info@projekt-gartenbau.de
www.projekt-gartenbau.de

WallFlower
Zac du plan
81 Avenue de Grenache
84320 Etraigues Sorgue, Frankreich
Tel.: (+33) 49 03 91 22 4
E-Mail: infos@wallflowerconcept.com
www.wallflowerconcept.com

zu beziehen über:
PflanzenBilderShop.de
Theodor-Storm-Straße 2
26721 Emden
Tel.: (0 49 21) 93 79 37
E-Mail: info@PflanzenBilderShop.de
www.pflanzenbildershop.de

Wattelez-Flowall
25 Rue Charles Edouard Jeanneret
Technoparc
78300 Poissy, Frankreich
Tel.: (+33) 13 07 49 72 5
E-Mail: flowall@orange.fr
www.flowall.com

zu beziehen über:
Die Gartenscheune

Jürgen Westerholt GmbH
Huntewinkel 30a
26203 Wardenburg/Hundsmühlen
Tel.: (04 41) 9 50 19 56
E-Mail: info@westerholt-gmbh.de
www.westerholt-gmbh.de

Woolly Pocket
4836 E McDowell Rd Ste 103
Phoenix, AZ 85008
E-Mail: info@woollypocket.com
www.woollypocket.com

zu beziehen über:
Plantu
(siehe Boskke Sky Planter)

LÄRM- UND SICHTSCHUTZ

naturawall GmbH
Brombeerweg 10
83112 Frasdorf
Tel.: (0 80 52) 95 60 31
E-Mail: info@naturawall.de
www.naturawall.de

RAU Lärmschutzwände – Geosystem GBK GmbH
Krefelder Straße 3–5
10555 Berlin
Tel.: (0 30) 39 74 88 64
E-Mail: kontakt@rau.de
www.rau.de

Sichtschutzzaun Helix® COMPACTA

zu beziehen über:
HELIX Pflanzensysteme GmbH
Ludwigsburger Str. 82
70806 Kornwestheim
Tel.: (0 71 54) 80 16-0
E-Mail: Info@helix-pflanzensysteme.de
www.helix-pflanzensysteme.de

vegasonic + ZSA GmbH
i. V. Matthias Kötter
Geschäfts-Bereichsleiter
Raiffeisenring 44
46395 Bocholt
Tel.: (0 28 71) 2 44 14 43
E-Mail: m.koetter@heras-adronit.de
www.vegasonic.de
www.zsa.de

Schallschutzgabionen Haas

zu beziehen über:
bellissa HAAS GmbH
Eichelstr. 11
88285 Bodnegg-Rotheidlen
Tel.: (0 75 20) 92 05 0
E-Mail: haas@bellissa.de
ww.bellissa.de

STAUDEN

Kräuter- und Staudengärtnerei Mann
Schönbacherstr. 25
02708 Lawalde
Tel.: (0 35 85) 40 37 38
E-Mail: info@staudenmann.de
www.staudenmann.de

Hof Berg-Garten
Stauden und Sämereien für naturnahe Gärten
Lindenweg 17
79737 Großherrischwand
Tel.: (0 77 64) 2 39
E-Mail: info@hof-berggarten.de
www.hof-berggarten.de

Staudengärtnerei Gräfin von Zeppelin
Aglaja von Rumohr
Weinstraße 2
79295 Sulzburg-Laufen / Baden
Tel.: (0 76 34) 55 039-0
E-Mail: info@graefin-von-zeppelin.de
www.staudengaertnerei.com
Staudengärtnerei Gaissmayer
Jungviehweide 3
89257 Illertissen
Tel.: (0 73 03) 72 58
E-Mail: info@staudengaissmayer.de
www.staudengaissmayer.de

KRÄUTER UND DUFTPFLANZEN

Kräuter- und Staudengärtnerei Mann
Schönbacherstr. 25
02708 Lawalde
Tel.: (0 35 85) 40 37 38
E-Mail: info@staudenmann.de
www.staudenmann.de

Rühlemann's Kräuter & Duftpflanzen
Auf dem Berg 2
27367 Horstedt
Tel.: (0 42 88) 92 85 58
E-Mail: info@ruehlemanns.de
www.ruehlemanns.de

SUKKULENTEN

Uhlig-Kakteen
Hegnacher Straße 31
71394 Kernen-Rommelshausen
Tel.: (0 71 51) 4 18 91
E-Mail: uhlig-kakteen@t-online.de
www.uhlig-kakteen.de

Kakteenland Steinfeld
Wengelspfad 1
76889 Steinfeld
Tel.: (0 63 40) 12 99
E-Mail: info@kakteenland.de
www.kakteenland.de

Kakteen Haage
Blumenstr. 68
99092 Erfurt
Tel.: (03 61) 2 29 40 00
E-Mail: info@kakteen-haage.de
www.kakteen-haage.de

BAUMSCHULEN

Baumschule Horstmann
Bergstr. 5
25582 Hohenaspe
Tel.: (0 48 93) 37 68 90
E-Mail: info@baumschule-horstmann.de
www.baumschule-horstmann.de

Pflanzmich.de Baumschulen
Burstah 13
25474 Ellerbek
Tel.: (0 41 01) 37 80 10
E-Mail: service@pflanzmich.de
www.pflanzmich.de

Ahornblatt GmbH
Postfach 1125
55001 Mainz
Tel.: (0 61 31) 7 23 54
E-Mail: nachricht@ahornblatt-garten.de
www.ahornblatt-garten.de

BEWÄSSERUNG

Hermann Meyer KG
Halstenbeker Weg 100
25462 Rellingen
Tel.: (0 41 01) 49 09 0
E-Mail: mail@meyer-shop.com
www.meyer-shop.com

Plamundo
Harald Schreiner und Gerhard Hofmann
GbR
Schulstr. 26
36208 Wildeck
Tel.: (09 41) 46 18 99 69
E-Mail: service@plamundo.de
www.plamundo.de

Hozelock Tricoflex GmbH
Gilleshutte 99
41352 Korschenbroich
Tel.: (0 21 61) 61 78 60
E-Mail: info@hozelock.com (englisch)
www.hozelock-de.de
zu beziehen über:
MaPe-Teichservice
Koburger Str. 13
51103 Köln
Tel.: (02 21) 16 87 29 09
E-Mail: m.petrone@teichservice24.de
www.mape-teichshop.de

EUROPALETTEN

Jungheinrich Profi Shop
Kieler Str. 105
22769 Hamburg
Tel.: (0 40) 89 70 6-0
E-Mail: info@jh-profishop.de
www.jh-profishop.de

Ernst Handelsgesellschaft mbH
Lilienthalweg 20
72124 Pliezhausen
Tel.: (0 71 27) 97 35-0
E-Mail: info@ernst-handel.de
www.ernst-handel.de

ZUM WEITERLESEN

Garten vertikal
Mirko Janke
Rodenbergstr. 27
10439 Berlin
Tel.: (0 30) 44 71 97 59
E-Mail: info@garten-vertikal.de
www.garten-vertikal.de

Transition Regensburg
Bürgerbewegung
Vertikale Gärten
St.-Mihiel-Str. 2
93053 Regensburg
Tel.: (01 51) 54 63 47 57
E-Mail: gardening@transition-regensburg.de
www.transition-regensburg.de

Gartenbau Neuheiten
Dipl.-Ing. agrar. Gartenbau
Inken Bleicher
Egelsried 7
92445 Neukirchen-Balbini
Tel.: (0 96 72) 92 62 16
E-Mail: info@gartenbau-neuheiten.com
www.gartenbau-neuheiten.com

Hydroflora GmbH Objekt-Begrünung
Hugenottenallee 65–67
63263 Neu-Isenburg
Tel.: (0 61 02) 25 00 0-0
E-Mail: info@hydroflora.de
www.hydroflora.de

Vertiko GmbH
Vertikalbegrünungskonzepte
Ringstr. 22
79199 Kirchzarten
Tel.: (0 76 61) 90 84 42 8
E-Mail: gruen@vertiko-gmbh.de
www.vertiko-gmbh.de

Primagartenshop
Wannichener Str. 8
15926 Luckau / OT Görlsdorf
Tel.: (0 35 44) 55 76 58 7
E-Mail: verkauf@primagartenshop.de
www.primagartenshop.de

Vertikale Gärten
Harald Schreiner und Gerhard Hofmann GbR
Schulstr. 26
36208 Wildeck
Tel.: (09 41) 46 18 99 69
E-Mail: info@hallo-welt.eu
www.vertikaler-garten.de

REGISTER

GARTENGLÜCK FÜR DAS GANZE JAHR

Robert Koch | Gärtnern auf Balkon und Terrasse
160 S., 275 Abb., €/D 19,99

Der ideale Jahresbegleiter

Von Frühling bis Winter werden alle wichtigen Pflanz- und Pflegearbeiten für das grüne Glück auf Balkon und Terrasse einfach, klar und übersichtlich gezeigt. Tolle Gestaltungsideen für Töpfe und Kübel machen den eigenen Balkon zur Wohlfühloase. Ob Duftarrangements oder Naschbalkon, ob Pflanzbeispiele für schattige Lagen oder bei wenig Zeit zum Gießen. Hier wird gezeigt, worauf es beim Balkongärtnern wirklich ankommt.

GRÜNE OASEN GESTALTEN

Martin Staffler | **Stadtbalkon & Dachterrasse**
144 S., 197 Abb., €/D 19,99

Inspiriende Ideen

Auf Balkon und Dachterrasse lassen sich inspirierende Garten-ideen wunderbar verwirklichen und kleine Paradiese in der Stadt schaffen. Ob gemütliche Sitzecke mit Sichtschutz, Mini-Teich mit Sprudelstein, Naschbalkon mit Obstbäumchen oder modernes Asia-Ambiente. Hier findet jeder City-Gärtner Inspiration! Die vielfältigen Gestaltungsideen und schönen Bilder machen Lust, sofort zu starten.

BILDNACHWEIS

Mit 191 Farbfotos von:
123rf.com/Jan Hof/bringolo120400022: 110 u.; Katharina Adams, Linnich: 7; Kubi® beethochdrei, Esslingen/Klaus Landmesser: 35 u.; Livepicture® Beiermeister GmbH, Korntal-Münchingen: 77 Mi.; Elke Borkowski, Herten /RHS Hampton Court Flower Show/Design Kate Turner: 39; Sky Planter® Boskke, Wellington: 77 o. li.; Dr. Thomas Brand, Rastede: 134 (alle drei); 135 (alle drei); Verti-Plant® Burgon & Ball, Sheffield/Simon Muncer: 54 o. re.; Karoo® D&M Depot, Aartselaar: 77 o. re.; Ebertsankey® Fiskars Germany GmbH, Herford: 12 u. re.; Flora Press, Hamburg/Botanical Images: 71 u.; Flora Press/Tomek Ciesielski: 46/47; Flora Press/Otmar Diez: 83 o.; 99 Mi.; Flora Press/gartenfoto.at: 36 u. Mi.; 73 o. re.; 127 o. li.; Flora Press/GWI: 23; 71 u. Mi.; 78 u.; 79 Mi. & u.; 89 o.; 83 o. Mi. & u.; 121 o.; Flora Press/Ute Klaphake: 15; Flora Press/MAP: 35 o.; 68 u.; 71 o. Mi.; 78 o.; 89 Mi.; 107 o.; 119 (alle vier); Flora Press/Helga Noack: 74 (alle fünf); 105 (alle sechs); 133; Flora Press/Nova Photo Graphik: 34 Mi.; 79 o.; 83 o. Mi. & u.; 88 o.; 112 (alle drei); 113 (alle drei); Flora Press/Royal Horticultural Society: 20 (alle fünf); 33; 34 o.; 127 o. re.; Flora Press/The Garden Collection/Torie Chugg: 93 (alle fünf); Flora Press/The Garden Collection/Marcus Harpur: 90 u. li.; Flora Press/The Garden Collection/Derek Harris: 34 u.; Flora Press/The Garden Collection/Andrew Lawson: 90 o.; Flora Press/The Garden Collection/Derek St Romaine: 97; Flora Press/The Garden Collection/Neil Sutherland: 28/29; 90 u. re.; Flora Press/Visions: 106 o.; 107 u.; 131; FlowerBox Tube 65® FlowerArt GmbH, München: 77 u.; Gap Gardens, Essex/Maxine Adcock: 98 u.; GAP/Richard Bloom: 51; Gap/Jonathan Buckley: 89 u.; GAP/Heather Edwards: 61; Gap/GAP Photos Step by step: 94 (alle fünf); GAP/Jenny Lilly: 127 u.; GAP/Hanneke Reijbroek/Designer: Tande Szentesi and Svaja Vaicula: 62 (alle drei); Gap/Rob Whitworth/Four Corners garden - Design Peter Reader, RHS Hampton Court Flower Show: 87; HELIX Pflanzensysteme GmbH, Kornwestheim: 17 (alle drei); Veggy Wall® Humko, Podnart (Slowenien)/Tomaž Čufer: 121 Mi.; Vertical Garden® Juwel Deutschland, Garmisch-Partenkirchen: 64 (alle fünf); KalaMitica Deutschland Gerhard Weinz GmbH, Hildrizhausen: 77 u. re.; Maximizedesign, Dublin/Maximilian Kemper: 24 (alle vier); minigarden®, Lissabon/Fernando Amaral: 5; 8/9; 12 o. li.; 53 (alle fünf); 120 o.; 122 (alle fünf); naturawall®, Frasdorf: 19; Optigrün International AG, Krauchenwies-Göggingen: 35 Mi.; 117; pixelio/Uschi Dreiucker: 98 o.; planto GmbH, Diez: 54 Mi.; Reinhard Tierfoto/Nils Reinhard, Heiligkreuzsteinach: 84 (alle sechs); Rogge & Jankovic, Köln: 59 u.; Der Vertikale Garten® CP SÄCHSISCHES HEIMATWERK, Bannewitz: 67; Vertiss® Novintiss, La Rochelle: 48 o. & u.; shutterstock/ayla: 36 Mi. re.; shutterstock/Darren Baker: 114/115; shutterstock/Bildagentur Zoonar GmbH: 88 u.; shutterstock/bonchan: 99 u.; shutterstock/Burdika: 36 u.re.; shutterstock/chinahbzyg: 120 Mi.; shutterstock/drpnncpptak: 43; shutterstock/Richard Griffin: 40 u. li.; shutterstock/jaideephoto: 78 Mi.; shutterstock/D. Kucharski K. Kucharska: 88 Mi.; shutterstock/Lodimup: 36 o.; shutterstock/Gudrun Muenz: 106 u.; shutterstock/noppharat: 99 o.; shutterstock/Onur ERSIN: 40 u. re.; shutterstock/pavla: 107 Mi.; shutterstock/Shutterschock: 71 o.; shutterstock/Piyachok Thawornmat: 4/5; 80/81; shutterstock/Aleksandar Todorovic: 73 u.; shutterstock/Diana Taliun: 106 Mi.; shutterstock/Ta Khum: 73 o. li.; shutterstock/tukkata: 2/3; shutterstock/Vishnevskiy Vasily: 27; shutterstock/wsf-s: 98 Mi.; Manfred Stiebler, Hüfingen-Mundelfingen: 12 u. li.; Friedrich Strauss, Au-Seysdorf: 11; 44 (alle vier); 101; 108 (alle vier); 120 u.; 121 u.; toom Baumarkt GmbH, Köln: 102 u.; Matthias Uhlig, Kernen-Rommelshausen: 40 o.; Living Wall® VegTrug Limited, Colchester: 54 u. re.; Jürgen Westerholt GmbH, Wardenburg: 68 o., o. Mi., o. re.; Wally One® Woolly Pocket, Phoenix: 54 o. li.; Living Wall Planter® Woolly Pocket, Phoenix: 57 (beide).

Mit 22 Illustrationen von:
Claudia Schick, Neumarkt: 30; 31; 48 o. re. (Vertiss®); 59 (alle drei); 85; 95; 102 (alle fünf) (toom Baumarkt GmbH); 110 (alle vier); 124 (alle drei); 129 (beide) (Juwel System).

IMPRESSUM

Umschlaggestaltung von Gramisci Editorialdesign, München unter Verwendung eines Farbfotos von GAP Gardens, Essex/Hanneke Reijbroek/Designer: Tande Szentesi and Svaja Vaicula (Umschlagvorderseite und Buchrücken) sowie zwei Aufnahmen auf der Umschlagrückseite von shutterstock/t.natchai und Verti-Plant® Burgon & Ball, Sheffield/Simon Muncer.

Mit 191 Farbfotos und 22 Farbzeichnungen

Alle Angaben in diesem Buch sind sorgfältig geprüft und geben den neuesten Wissensstand bei der Veröffentlichung wieder. Da sich aber das Wissen laufend und in rascher Folge weiterentwickelt und vergrößert, muss jeder Anwender prüfen, ob die Angaben nicht durch neuere Erkenntnisse überholt sind. Dazu muss er zum Beispiel Beipackzettel zu Dünge-, Pflanzenschutz- bzw. Pflanzenpflegemitteln lesen und genau befolgen sowie Gebrauchsanweisungen und Gesetze beachten. Jede Dosierung und Anwendung erfolgt auf eigene Gefahr. Autor und Verlag müssen alle Schadensersatzansprüche von vornherein ablehnen. Gebrauchsnamen, Handelsnamen, Warenbezeichnungen sind in diesem Buch ohne nähere Kennzeichnung in Bezug auf Marken, Gebrauchsmuster und Patentschutz weitergegeben. Daraus kann nicht abgeleitet werden, dass diese Namen und Verfahren als frei im Sinne der Gesetzgebung gelten und von jedermann benutzt werden dürfen.
Das Allerwichtigste ist, dass Sie die Pflanzen und insbesondere die Kräuter einwandfrei erkennen. Oftmals gibt es verwandte Arten, die sich sehr ähnlich sehen. Die eine ist jedoch gut, die andere giftig. Wenn Sie irgendwelche Zweifel haben, dann verwenden Sie die Pflanze nicht. In der Apotheke bekommen Sie beispielsweise die beschriebenen Kräuter in getrockneter Form.

Unser gesamtes lieferbares Programm und viele weitere Informationen zu unseren Büchern, Spielen, Experimentierkästen, DVDs, Autoren und Aktivitäten finden Sie unter **kosmos.de**

MIX
Papier aus verantwortungsvollen Quellen
FSC
www.fsc.org   FSC® C023164

Gedruckt auf chlorfrei gebleichtem Papier

ISBN 978-3-440-14562-3
Projektleitung: Katrin Friedrichs
Redaktion und Bildredaktion: Katrin Friedrichs
Gestaltungskonzept: Gramisci Editorialdesign, München
Gestaltung und Satz: DOPPELPUNKT, Stuttgart
Produktion: Jürgen Bischoff
Printed in Italy / Imprimé en Italie